Anna Amalia
Wegbereiterin der Weimarer Klassik

von
Ursula Salentin

Ursula Salentin

Anna Amalia

Wegbereiterin der Weimarer Klassik

1996

Böhlau Verlag Köln · Weimar · Wien

Die Deutsche Bibliothek – CIP-Einheitsaufnahme

Salentin, Ursula:
Anna Amalia: Wegbereiterin der Weimarer Klassik /
Ursula Salentin. – Köln ; Weimar ; Wien : Böhlau, 1996
ISBN 3-412-11595-9

Copyright © 1996 by Böhlau Verlag GmbH & Cie, Köln
Lektorat: Johannes van Ooyen
Satz und Lithos: Offizin Wissenbach, Würzburg
Druck und Bindung: Bercker Graphischer Betrieb GmbH, Kevelaer
Printed in Germany
ISBN 3-412-11595-9

Inhalt

Vorwort

Wenn man von der Blütezeit der deutschen Literatur spricht, so denkt man in erster Linie an die Goethezeit in Weimar. Goethe, Herder, Wieland und Schiller, die als Dichter und Denker nach Selbstbestimung und Selbstvollendung strebten und sich zum Humanitätsgedanken, zum sittlichen Idealismus bekannten, waren es, die in der zweiten Hälfte des 18. Jahrhunderts aus dem unbedeutenden thüringischen Residenzstädtchen das geistige Zentrum Deutschlands machten.

Daß dieser Geist Weimars allerdings zeitgebunden war und nur wenig gegen die Greuel der jüngsten Vergangenheit ausrichten konnte, zeigte später das Konzentrationslager Buchenwald, das in unmittelbarer Nachbarschaft von Weimar errichtet wurde. Vor etwa zweihundert Jahren aber bestimmten die Werke der Weimarer Klassik den Geist am Sachsen-Weimar-Eisenacher Hof. Das Goethe-Schiller-Denkmal vor dem Nationaltheater symbolisiert noch heute, wofür Weimar damals stand.

Diese außergewöhnliche Blütezeit des Geistes und der Kultur ist maßgeblich der damals regierenden jungen Herzogin Anna Amalia, einer braunschweigischen Prinzessin und Nichte Friedrich des Großen, zu verdanken. Ohne ihren jugendlichen Elan, ihre freie menschliche Art, ihre geistige Neugierde und ihre finanzielle Großzügigkeit wäre es niemals gelungen, die großen Dichter und Denker dieser Epoche an Weimar zu binden. Sie war die Wegbereiterin der Weimarer Klassik.

Lange Zeit hat man sich nicht mehr an sie erinnert. Während vor etwa hundert Jahren ihre Lebensgeschichte noch überall präsent war, kennt heute kaum noch jemand die Stationen ihres außergewöhnlichen Wirkens.

Im monarchistisch geprägten 19. Jahrhundert haben sich zahlreiche Wissenschaftler, Autorinnen und Autoren mit Anna Amalia beschäftigt. Sie wurde bewundert, verehrt, geliebt. Schwärmerisches und Huldigendes, Objektives, aber auch Kritisches haben damals die Zeitgenossen und Nachfahren über sie zusammengetragen. Die Apotheose aller Bemühungen stellt für mich Wilhelm Bodes dreibändige Biographie „Anna Amalie. Herzogin von Weimar" dar. Der Forscher und Schriftsteller, dessen Goethebiographie zu ihrer Zeit weitbekannt war und der auch kenntnisreich vom Weimarer Hof zu berichten wußte, huldigte der verehrten Fürstin mit einem vielschichtigen, instruktiven und anregenden Werk. Doch auch andere Historiker und Dichter haben Fakten und Erkenntnisse zu Anna Amalia und ihrer Zeit zusammengetragen. In alphabetischer Reihenfolge seien diejenigen genannt, die meine Urteilsbildung am meisten förderten: Willy Andreas, Carl Freiherr von Beaulieu-Marconnay, Effi Biedrzynski, Friederike Bornhak, Walter M. Bruford, Georg Mentz, Günter Scheel und Eduard Vehse.*

In unserem republikanisch und demokratisch, aber auch sozialistisch und faschistisch geprägten 20. Jahrhundert wurde es hingegen still um Anna Amalia. Es gab kaum noch jemanden, der sich mit ihr befaßte. Ins zweite Glied verwiesen, galt sie nur etwas, wenn sie in Beziehung zu anderen sichtbar wurde, so z.B. als Mutter von Carl August, als Förderin Goethes, als Bewunderin Herders und als Weggenossin Wielands.

Erst in jüngster Zeit haben zwei bemerkenswerte Ausstellungen Anna Amalia wieder ins Bewußtsein der Öffentlichkeit gerückt: 1989 die Austellung „Das ‚indefinible‘ Wesen. Anna Amalia, Herzogin von Sachsen-

Weimar-Eisenach (1739–1807)" im Goethe-Museum, Schloß Jägerhof, in Düsseldorf und 1994 die Ausstellung „Anna Amalia. Braunschweig und Weimar. Stationen eines Frauenlebens in der Goethezeit" im Braunschweigischen Landesmuseum.

Ich hoffe, daß nun auch diese Biographie dazu beitragen wird, das Andenken an Anna Amalia zu beleben und ihr den angemessenen Platz in der deutschen Geistes- und Kulturgeschichte erneut zu bestätigen. Ohne sie hätte es die Weimarer Klassik nicht gegeben.

Für die freundliche Unterstützung bei meinen Recherchen bedanke ich mich bei Irmintrud Zerbes aus Bonn und den Mitarbeiterinnen und Mitarbeitern des Goethe-Museums in Düsseldorf und des Braunschweigischen Landesmuseums. Marion Mayer danke ich für die druckreife Gestaltung des Manuskriptes.

Köln, im Dezember 1995

Hochzeit im Grauen Hof zu Braunschweig

16. März 1756 – ein kühler, verregneter Tag, nur vereinzelt
ein paar Sonnenstrahlen – Novembergrau mitten im März.
Doch im Park des Grauen Hauses, dem Braunschweiger
Schloß, blühen auf den Wiesen gelbe und weiße Narzissen
und blauer Krokus. Die Residenz der Herzöge von Braunschweig-Wolfenbüttel – von der Fürstenfamilie gerade erst
seit drei Jahren bezogen – zeigt Festbeflaggung. Das
fünfte der dreizehn Kinder des Herscherpaares Carl I.
(1713–1780) und Philippine Charlotte (1715–1801), die
sechzehnjährige Anna Amalia (24.10.1739–10.4.1807)
feiert an diesem Tag Hochzeit mit dem achtzehnjährigen
Herzog Ernst August Constantin von Sachsen-Weimar-
Eisenach (2.6.1737–28.5.1758).

*„Man verheiratet mich wie man gewöhnlich Fürstin-
nen vermählt"*[1], berichtet viele Jahre später die junge
Frau über diesen Tag. Das klingt sachlich, gefaßt und
ergeben in das Unvermeidliche. Ohne Aufhebens beugte
sich die junge Prinzessin den Gesetzen ihres Standes und
akzeptierte die Erwartungen, die man an den Höfen von
Braunschweig und Weimar in sie setzten.

Alle waren es zufrieden: Carl I., weil der junge
Thüringer seinem Vorschlag gefolgt war und Anna Amalia zur Frau begehrte; Philippine Charlotte, weil ihr diese
Eheschließung ein „établissement convenable"[2] für ihre
Tochter schien; Friedrich der Große, der Bruder der
Mutter, weil er prinzipiell Freude an dynastisch sinnvol-
len Hochzeiten hatte und auch die preußische Großmutter, weil sie Anna Amalias Heirat als einen Glücksfall für
die ihrer Meinung nach etwas unansehnliche Enkelin
empfand.

Sich dem bestehendem Reglement fügen, das war später nicht immer Anna Amalias Sache, doch an ihrem
Hochzeitstag für die junge Frau noch ganz und gar

selbstverständlich. Die Frage nach dem eigenen Wohl und Wehe stellte sie sich dabei nicht. Als sie anderthalb Jahrzehnte später über die Kümmernisse ihrer Kindheit und Jugendzeit berichtete, in der sie sich als von ihren Eltern „nicht geliebt", ihren Geschwistern „nachgesetzt" und als „Ausschuß der Natur"[3] vorkam, fand sie dennoch keine freudigen Vokabeln für ihre Eheschließung und die dadurch eingeleitete Befreiung aus dem braunschweigischen Elternhaus.

Auch von Anna Amalias Ehemann, dem Herzog von Sachsen-Weimar-Eisenach, einem seit seinem elften Lebensjahr am Gothaer Hof erzogenen Vollwaisen, gibt es keinen Kommentar zu dieser Hochzeit, der Aufschluß über sein Denken und Fühlen gäbe. Man weiß aber, daß der kränkelnde Achtzehnjährige seit dem Sommer 1755 von dem Gedanken an seine baldige Vermählung geprägt wurde. Der Vormundschaftsregent für Weimar, Franz Josias von Sachsen-Coburg-Saalfeld, und die Weimarer Landstände[4] bedrängten ihn, beim Kaiser in Wien die Volljährigkeitserklärung zu erbitten und sich zu vermählen. Man hatte dem jungen Mann klar gemacht, daß Sachsen-Weimar-Eisenach an das Herzogtum Sachsen-Gotha-Altenburg fiele, falls er ohne leibliche Erben stürbe – eine Regelung, die weder den Weimarern noch den Sachsen-Coburg-Saalfeldern, aber auch nicht Carl I. von Braunschweig-Wolfenbüttel zusagte, dessen Schwester Sophie Antoinette mit dem Coburger Erbprinzen verheiratet war. Regent und Ehemann – also selbständig zu werden – schien dem Achtzehnjährigen alsbald verlockender als die trockene Ausbildung in wissenschaftlichen Fächern durch mehr oder minder fähige Hofmeister und die Aussicht auf eine mehrjährige Bildungsreise ins Ausland.

Kaum hatte der Kaiser dem allgemeinen Drängen nachgegeben und Ernst August Constantin am 18. Dezember 1755 volljährig und damit regierungsfähig erklärt, brach der junge Herzog bereits am 10. Februar 1756 nach Braunschweig auf. In seinem Troß befanden sich siebenunddreißig Personen, u.a. sein ehemaliger Erzieher und nun leitender Minister, Graf Bünau (1697–1762) mit seiner Frau, der Hofrat Jakob Friedrich Freiherr von Fritsch (1731–1814), sowie Pagen, Lakaien, Mundkoch, Mundschenk, Kammerdiener, Läufer...

Die Brautschaureise wurde kaschiert. Angeblich reiste Ernst August Constantin zur alljährlich im Februar stattfindenden Braunschweiger Lichtmeß-Messe. Doch auch sein Pseudonym, Graf von Allstedt, konnte ihn nicht ausreichend verbergen. Bald war das Besuchsziel überall bekannt.

Nur wenige Tage nach seiner Ankunft in Braunschweig bat am 20. Februar 1756 der junge thüringische Herzog um die Hand Anna Amalias, deren Konterfei ihm bereits Wochen zuvor nach Weimar übersandt worden war. Carl I. und Sophie Antoinettes Pläne waren aufgegangen: Die Sachsen-Gotha-Altenburger würden aller Voraussicht nach nicht die Vorherrschaft über die übrigen ernestinischen Häuser[5] gewinnen. Die Vermählung der beiden jungen Leute gab Hoffnung auf einen Erben aus dem Hause Sachsen-Weimar-Eisenach.

Als Hochzeitstermin setzte man den 16. März 1756 fest. In den kommenden Wochen hatten die beiden Fürstenkinder Gelegenheit, einander kennenzulernen. Der abwechslungsreiche Braunschweiger Hof bot alles auf, was er an Amusements zu bieten hatte. Theateraufführungen, Konzerte, italienische Opernabende, Bälle, Maskeraden – die unverwöhnten Weimarer genossen die Eleganz dieses auf seine Kultiviertheit und Lebensfreude zu Recht stolzen Hofes.

Und der schmale, schüchterne und ein wenig gehemmt wirkende junge Erbherzog, dem man zwar viel guten Willen, nicht aber unbedingt brillante Fähigkeiten zutraute, bewarb sich redlich und aufmerksam um die Gunst des kleinen, zierlichen, noch etwas linkisch wirkenden jungen Mädchens, dem man eine schnelle Auffassungsgabe und kritischen Verstand nachsagte.

Über ihre Empfindungen zueinander haben sich die beiden nie geäußert. An den späteren Entschlüssen und Taten des jungen Herzogs konnte man aber ablesen, wie sehr er seine junge Frau bewunderte und wie richtig er ihre Fähigkeiten einschätzte. An der Tatsache, daß Anna Amalia – so viel man weiß – niemals eine Wiedervermählung nach dem frühen Tod ihres Mannes erstrebte, kann man ihre Anhänglichkeit ermessen.

Vom 16. bis zum 19. März 1756 fanden in Braunschweig die glanzvollen Hochzeitsfeierlichkeiten statt. Es war die erste Fürstenhochzeit, die in dem neuen Domizil, im Grauen Hof, ausgerichtet wurde. Über die Planung der Festlichkeiten und deren Verlauf, die sich der Vater der Braut persönlich vorbehielt, heißt es:

„Zwei Stunden vor der eigentlichen Trauung versammelten sich die Hochzeitsgäste im Schloß. Unter Pauken und Trompeten betraten und verließen die Brautleute die Schloßkapelle, auch beim Ringewechseln durch den Hofprediger Oldekopp, dem bedeutet worden war, eine möglichst kurze Traupredigt zu halten, erschollen sie. Währenddessen schossen 150 Kanonen vor dem Schloß Salut. Anschließend wurde ein Festessen bei Tafelmusik zelebriert. Der herausragende Rang der fürstlichen

14

Familie vor den übrigen adligen Standesgenossen kam dabei nicht nur dadurch zum Ausdruck, daß sie an einer besonderen Tafel saß, sondern sich in einem beinahe mittelalterlich anmutenden Ritus bedienen ließ. Zunächst mußten die obersten Hofchargen, Obermarschall und Hofmarschall mit Stäben in der Hand servieren, ehe anschließend der übrige Adel die Bedienung übernehmen durfte. Nach Aufhebung der Tafel löste Herzog Karl die Strumpfbänder seiner Tochter Anna Amalia und verteilte sie an umstehende noch ledige adlige Damen. Diese an die Stelle des mittelalterlichen Lösen des Gürtels getretene Zeremonie sollte den Empfängerinnen des Strumpfbandes die Aussicht auf eine baldige Heirat eröffnen.

Auch am zweiten Hochzeitstag fand man sich an üppig gedeckten Tafeln zu einem gemeinsamen Mahl zusammen und hörte eine sogenannte Strohkranzrede, die der Legationsrat Peter von Stüven vortrug. In floskelhaften Wendungen beschrieb er darin der Braut ihren veränderten Zustand nach der Hochzeitsnacht und veranlaßte, daß der Brautkranz abgenommen und an seine Stelle ein Strohkranz aufgesetzt wurde... Seine klassische Bildung bewies der Strohkranzredner dadurch, daß er den griechischen Heiratsgott Hymenaios in seine Ausführungen einbezog und die Geschichte der Brautnacht von Herkules und Omphale erzählte, die Herkules mit Spinnen zugebracht haben soll.

An den folgenden Tagen wurde dem Brautpaar und den Gästen ein anspruchsvolles Programm geboten. Die Teilnahme an Hofbällen wechselte mit dem Besuch einer Komödie, einer Operette und einer Vorstellung im Pantomimentheater ab."[6]

Wie bei fürstlichen Vermählungen üblich, wurde auch zwischen Anna Amalia und Ernst August Constantin ein Ehevertrag abgeschlossen. In ihm *„verzichtete Anna Amalia in einem besonderen Revers auf Erbansprüche am Fürstentum Braunschweig-Wolfenbüttel beim Vorhandensein männlicher Erben. Ihre Mitgift betrug 18.000 Taler, die von den Landständen bewilligt, aber von der Bevölkerung als Prinzessinnensteuer aufgebracht werden mußte. Einen gleich hohen Betrag und als Morgengabe zusätzlich 5.000 Taler versprach ihr Gatte. Zum Unterhalt sollten Anna Amalia jährlich 6.000 Taler zur Verfügung stehen. Als Sicherheit für den Fall des Witwenstandes wurde ihr das Gut Allstedt übertragen. Als persönliche Bedienstete standen ihr in Weimar zu: ein Oberhofmeister, eine Oberhofmeisterin, zwei bzw. drei adelige Hofdamen. Außerdem waren zwei Kammerjungfrauen vorgesehen. Davon sollte sie die eine aus Braunschweig mitnehmen können, die andere aber in Weimar auswählen. Hinzu kamen ein bis zwei Garderobenmädchen sowie drei bis vier Lakaien. Den Hofdamen standen zwei Kammerjungfern und ein Lakai zu. Diese Bestimmungen waren hinsichtlich des aus Braunschweig mitzunehmenden Personals dehn- und auslegbar, und so überrascht es nicht, daß Anna Amelia ihre langjährige Kammerjungfer Caroline Wilhelmine Stephanie und die Garderobenbedienten Sophia Justine Johanna Kotzebue und Christine Piper, die Tochter eines verstorbenen Braunschweiger Festungsbauverwalters, nach Weimar begleiteten. Demoiselle Piper, die beim Einzug in Weimar über den desolaten Zustand der Tore etwas despektierlich geäußert haben soll, daß man diese mit ‚einer Rüben zuschließen könne‘, hat Anna Amalia bis zum Tode über fünfzig Jahre treu gedient und sich* *auch um die Regelung von Nachlaßangelegenheiten gekümmert"*[7].

Weitere Festlichkeiten und der Abschiedsbesuch bei der Großmutter Antoinette Amalie auf Schloß Antoinettenruh füllten die folgenden Tage aus. Endlich erfolgte am 20. März die Abreise des jungen Paares. Ein Teil der fürstlichen Familie begleitete es bis Wolfenbüttel, ein weiterer sogar bis Blankenburg. *„La séparation m'a été sensible et l'adieu a été tendre de part à l autre"*[8], schrieb Philippine Charlotte an Friedrich den Großen über diesen Abschied. Anna Amalia dagegen vermerkt: *„Sie werden glauben, da ich nun aus den Fesseln befreit war, müsse ich gewesen sein wie ein junges Füllen, welches seine Freiheit bekommt. Nichts weniger! Ich fühlte mich vielmehr wie eine Person, die nach einer großen ausgestandenen Krankheit in ihrer Genesung sich noch kraftlos fühlet."*[9]

In der Weimarer Residenz des jungen Herzogpaares

Acht Tage nach der Hochzeit kam das junge Fürstenpaar am 24. März 1756 an der nördlichen Grenze seines Landes an.

Die Reise war problemlos verlaufen. Graf Bünau und die anderen in offizieller Mission Mitreisenden hatten sich bereits vom Herzogpaar getrennt. Sie wollten die jungen Leute in Weimar begrüßen und willkommen heißen. Zum Brautzug formierten sich der Wagen des Hochzeitspaares und die der Bediensteten, vermehrt um die Wagen mit der Mitgift.

Vom Ettersberg aus konnte Anna Amalia zum ersten Mal ihre neue Heimat übersehen. Im Norden grenzte der Blick an Kyffhäuser und Harz, im Westen konnte man Erfurt und Gotha vermuten, im Süden die Berge von Ilmenau und im Osten Jena und Naumburg.

Das etwa siebenundvierzig Quadratkilometer große Herzogtum wurde zu dieser Zeit von bald einhundertvierzigtausend Einwohnern besiedelt und zeigte alle Charakteristika deutscher Kleinstaaterei. Sachsen-Weimar-Eisenach war ein Staatengebilde, bei dem sowohl die Herzogtümer Weimar und Eisenach als auch der Landesteil Jena Eigenständigkeit zu wahren suchten. Zwar wurden die Territorien seit 1741 – damals fiel Eisenach nach Aussterben der dort regierenden Linie an Weimar zurück – von einem Herrscher, nun Ernst Augustin Constantin, regiert, doch bestand jeder dieser Kleinstaaten auf seiner eigenen Behördenstruktur, seiner eigenen landständigen Verfassung und eigenen Regierung.[10]

Bereits an der Landesgrenze hatte das Weimarische Husarencorps und der Postmeister mit seinen dreizehn Postillionen Aufstellung genommen, um das Fürstenpaar in die Residenzstadt zu geleiten. Der arme Weimarer Hof gab sich alle Mühe, so glanzvoll wie möglich seinen Empfangsgruß darzubieten. Man wollte unter keinen Umständen hinter Braunschweig zurückstehen, das als einer der kultiviertesten, wenn auch nicht reichsten Höfe der damaligen Zeit galt. Natürlich blieb bei den Vorbereitungen zu diesem Tag nicht unbeachtet, daß Ernst August Constantin, schüchtern und zurückhaltend wie er war, sich möglichst allen überflüssigen Aufwand und übertriebene Zeremonien verbeten hatte.

Weimar war zu dieser Zeit ein mehr oder minder ländliches Städtchen mit etwa sechstausend Einwohnern. Keineswegs konnte es mit den oft weitaus eleganteren Residenzstädten der anderen deutschen Kleinstaaten verglichen werden, schon gar nicht mit Braunschweig, das mit seinen zweiundzwanzigtausendfünfhundert Einwohnern, seinen am Carolineum[11] wirkenden Professoren wie Johann Friedrich Wilhem Jerusalem, Johann Arnold Ebert, Johann Joachim Eschenburg, Carl Christian Gärtner und später dem Wolfenbütteler Bibliothekar Gotthold Ephraim Lessing bereits als Zentrum der nordwestdeutschen Aufklärung galt.

Die meisten der etwa achthundert Häuser Weimars waren strohbedeckt. Die Straßen – eng und winkelig – waren weder beleuchtet, noch bepflastert. Wohlhabende Bürgerhäuser gab es kaum. Doch hatte der Marktplatz mit dem aus dem achtzehnten Jahrhundert stammenden Rathaus, mit der Hofapotheke, den Gasthöfen zum „Elephanten" und zum „Erbprinzen", dem Stadthaus, in dem die meisten der Erheiterung und dem Vergnügen dienenden Bälle, Konzerte und Schaustellungen stattfanden, durchaus städtisches Ambiente. Die etwa hundertfünfzig Scheunen innerhalb der Stadtmauern bewiesen aber, daß sich unter den Stadtbewohnern noch viele

Landleute befanden. Schäfer zogen morgens mit ihren Herden durch die Straßen. Tümpel, Teiche und übelriechende Abwasserkanäle gehörten ins Stadtbild.

Im Rechteck umzogen hohe Stadtmauern die mehr ländliche als städtische Ansiedlung. Jeweils in der Mitte der rechteckigen Mauerseiten befanden sich die vier Stadttore, die abends zwischen sechs und halb zehn geschlossen und morgens zwischen vier und sechs Uhr wieder geöffnet wurden.

Da Weimar abseits von den großen Handelsstraßen lag, gab es wenig Verbindungen zur Umwelt. Unregelmäßig, jedoch in jedem Fall einmal die Woche, erreichte die Post – von einem Briefzusteller aus Buttelstädt gebracht und abgeholt – die Stadt.

Richtig betrachtet, war die Übersiedlung nach Weimar für Anna Amalia ein Abstieg. Die junge Frau aber schien dies nicht zu registrieren. Allen Berichten zufolge, hatte sie sich für ihren ersten Auftritt vor ihren neuen Landsleuten besonders schön gemacht. Sie soll ein golddurchwirktes blaues Kleid getragen haben, darüber einen Purpurmantel. Der Mode der Zeit entsprechend war sie stark geschminkt, trug eine „Mouche"[12] auf der Wange, hatte die Äderchen an den Schläfen blau nachgezogen und ihre braunen Haare weiß gepudert und hochgesteckt. Links über dem zierlichen Ohr war eine Rose an der Frisur befestigt. Die weniger schönen Partien ihres Gesichts – die übergroße „braunschweigische" Nase (deshalb gibt es fast nur en face Bilder von ihr) und die leicht hervortretenden intensiv blauen Augen – (ein Erbe von Hohenzollerns Seite) – verdrängte der Gesamteindruck dieser anmutigen, zierlichen jungen Person: ein Bild blühenden Lebens!

Auch später zeigte Anna Amalia viel Sinn für Auftreten und Eleganz. Sonntags morgens fuhr sie meist stilvoll gekleidet, den Reifrock rechts und links aus den Kutschfenstern herausragend, zur Kirche; mittags promenierte sie nach dem Essen oft in den hochhackigsten Schuhen, die ein normales Gehen schwer machten, über die Esplanade[13].

Von ihrem Sinn für Mode und vor allem ihrem Schuhtick berichtet man noch heute. Tausend Paar Schuhe – aus Stoff, Leinen oder Seide, mit Schnallen oder Schleifen verziert – soll sie besessen haben. Um immer wieder neues Schuhwerk zu erwerben, trennte sie sich meist schnell von den Anfertigungen, die ihr die Damen der Weimarer Hofgesellschaft gern abkauften. Die Kavaliere der Residenzstadt aber trugen als Amulett einen zierlich geformten kleinen Schuh aus Gold – dem Herzoginnenschuh nachgebildet – an der Uhrkette.

Die Weimarer, die sich an diesem strahlenden Frühlingstag an den Straßenrändern und Plätzen der Stadt zur Begrüßung der neuen Herrschaft eingefunden hatten, sahen voller Erwartung auf das jugendliche Paar und mit großen Hoffnungen auf dessen Regierungszeit, denn im Lande war große Not.

Als Ackerbaustaat lebte das Herzogtum zu dieser Zeit hauptsächlich von den Erträgen der Landwirtschaft, die aber mehr oder minder darniederlag, da die bisher geübte Dreifelderwirtschaft[14] immer weniger ertragreich war. Zudem lagen die Preise für landwirtschaftliche Erzeugnisse sehr niedrig. Nicht günstiger sah es beim Gewerbe aus. Einige Textilfabriken und Glasbläsereien, die mehr oder minder nur für den Absatz im Ausland arbeiteten, ernährten kümmerlich ihre Beschäftigten.

Auch gab es im Herzogtum kaum Handel, und vom Durchgangsverkehr wurde es nicht berührt, da die großen Handelsstraßen um das Land herumführten. Letztlich hing das Wohlergehen Sachsen-Weimar-Eisenachs neben den Erträgen, die die Landwirtschaft erwirtschaftete, von den Aufträgen ab, die der Hof und die Beamtenschaft – achthundert meist mehr schlecht als recht besoldete fürstliche Beamte, die siebzehn Städte und zweihundertzwanzig Dörfer verwalteten – vergaben.

Zu dieser schlechten wirtschaftlichen Lage kam die Misere der Staatsverschuldung hinzu, die der verschwenderische und ausschweifend lebende Schwiegervater Anna Amalias, Herzog Ernst August, während seiner Regentschaft durch Ausgaben für große Bauvorhaben, seine Jagdleidenschaft und überhöhte Militärausgaben verursacht hatte.

Auf alle diese bedrängenden Probleme aber war der junge Herzog Ernst August Constantin durch seine Erzieher nicht vorbereitet worden. Unsicher, ohne die notwendigen Kenntnisse, von Jugend an kränkelnd, brachte er kaum Voraussetzungen für eine erfolgreiche Regentschaft in so schwieriger Zeit mit. Diese Tatsache war natürlich der Hofgesellschaft bekannt, nicht aber den einfachen Bürgern und Bauern. Ihnen hatte die Sylvesteransprache 1755/56 des jungen Herzogs großen Eindruck hinterlassen, in der Ernst August Constantin versprach, daß die „Ehre Gottes" und das Wohl seiner Untertanen Hauptzweck seiner Handlungen sein solle, daß er „Recht ohne Ansehen der Person" gewähren wolle, in „Kirchensachen die Aufrechterhaltung der reinen evangelischen Religion und Verbesserung des Kirchen- und Schulwesens" zu fördern bereit sei und „einen Jeden bei seinen wohl hergebrachten Rechten und

Gerechtigkeiten zu schützen, das Gute zu belohnen, das
Böse zu bestrafen und durch Einführung guter Polizei
sowohl, als durch Beförderung der Kommerzien, Fabri-
ken und Manufakturen das Aufnehmen und den Wohl-
stand der von Gott Uns anvertrauten Lande und Leute
aus allen Kräften her – und festzustellen "[15] wolle.

Nun brachte Ernst August Constantin auch noch eine
junge Frau aus einem hochangesehenen Fürstenhaus, eine
Nichte Friedrich des Großen, als Herzogin nach Weimar – der Jubel der Bevölkerung kannte keine Grenzen!

Und so donnerten von der Anhöhe Altenberg her
Kanonenschüsse zur Begrüßung, läuteten die Glocken
der beiden Kirchen und des Schloßturms, während sich
der Brautzug den Stadtmauern näherte.

Als das jugendliche Regentenpaar dann in die Stadt
einfuhr, setzte sich nach den Husaren der Postmeister
mit den Posaune blasenden Postillionen an die Spitze des
Zuges. Auf dem Marktplatz stand das Landregiment zur
Begrüßung bereit; auf dem Schloßplatz paradierte das
Militärcorps. Viel beeindruckender aber empfand die
junge Frau die ihr begeistert zuwinkende Bevölkerung.
Offensichtlich wurde sie freudig erwartet.

Am Aufritt des östlichen Flügels der Wilhelmsburg,
dem Residenzschloß der Sachsen-Weimar-Eisenacher –
mehr mittelalterliche Burg denn feudales Schloß – hatte
sich die Regierung zur Begrüßung aufgestellt. An ihrer
Spitze stand seine Excellenz Reichsgraf Heinrich von
Bünau mit seiner Gattin, neben und hinter ihm sämtliche
Räte und Kavaliere mit ihren Damen, kurz: tout Weimar
war erschienen.

Nach der Begrüßung begleiteten sie das junge Paar den
Aufritt hinauf durch den Großen Saal und den Rittersaal

zum Kurfürstlichen Zimmer, vor dem die fürstliche Leib-
garde auf der Galerie Aufstellung genommen hatte. Nachdem sich das Herzogpaar kurz von den Strapazen des
Tages erholt hatte, wurde an mehreren Tafeln öffentlich
gespeist. Die Glücklichen, die von der Galerie des Großen
Saals aus einen ersten Blick auf die neue Herrin werfen
konnten, waren von deren sicheren und graziösen Auftreten und liebenswürdigen Benehmen sehr angetan.

Anschließend fuhr das junge Paar zu seinem Som-
merwohnsitz, Schloß Belvedere – von Ernst August
1727 bis 1740 erbaut – hinauf, der einige Kilometer von
Weimar entfernt auf der Anhöhe Eichenleite lag und ein
angenehmes luftiges und waldumstandenes Pendant zu
dem Stadtschloß, der Wilhelmsburg, mit ihren einengen-
den Gräben und Wällen bildete. Hier, in dem Schloß
Bellevue in Wien nachempfundenen Bau mit seinen
Kavaliers- und Gärtnerhäusern, seiner Orangerie, der
vasengeschmückten Balustrade und der Parkanlage, die
sich sternförmig auf den Hauptsaal des Schlosses hin
ausrichtete, verbrachten Anna Amalia und Ernst August
Constantin ihren ersten gemeinsamen Sommer.

Von den Aktivitäten des jungen Herzogs während dieser
Zeit weiß man wenig. Seine kurze Lebenszeit läßt kein
gerechtes Urteil über ihn zu. Doch ohne den Grafen
Bünau, die alles beherrschende Gestalt des kleinen Fürstentums, wäre Ernst August Constantin wohl nicht in
der Lage gewesen, seine Aufgaben wahrzunehmen. Es
heißt, daß sich Ernst August Constantin zu Anfang seiner Regentschaft engagiert seinen neuen Pflichten
gestellt habe. Allerdings soll der Eifer nicht von längerer
Dauer gewesen sein. Es wird aber auch behauptet, daß
Graf Bünau den jungen Monarchen systematisch von

seinen Aufgaben abgehalten habe. Nicht einmal über sein Schatullengeld[16] soll er frei habe verfügen dürfen. Anna Amalia jedenfalls sah zwischen dem frühen Tod ihres Mannes und der stets Ärger und Aufregungen stiftenden Bevormundung durch den Grafen einen engen Zusammenhang.

Vermutlich aber hat Ernst August Constantin zur Bevormundung geradezu herausgefordert. Zum Wesen des Herzogs muß eine gewisse Scheu vor der Öffentlichkeit ebenso gehört haben wie eine generelle Angst vor seinen gesellschaftlichen Verpflichtungen. So hatte er beispielsweise mit Erfolg darum gebeten, daß man ihn und seine Frau beim Einzug in die Residenzstadt nicht mit Glückwünschen überhäufen möge, und die Regierung auch darum ersucht, den Weg nach Belvedere von den am Straßenrand lagernden Bettler frei zu machen. Er wolle den Armen zwar gerne etwas geben, soll er gesagt haben, aber er wünsche nicht, mit ihrem Anblick konfrontiert zu werden.

Anna Amalia war da aus anderem Holz. Die Zurücksetzungen, die sie ihrer Meinung nach in ihrer Jugend erlitten hatte, hatten sie stark gemacht. In „ *Meine Gedanken* " schreibt sie, „ *... Durch diese harten Unterdrückungen zog ich mich ganz in mich selbst. Ich wurde zurückhaltend, ich bekam eine gewisse Standhaftigkeit, die bis zum Starrsinn ausbrach. Ich ließ mich mit Geduld schimpfen und schlagen und tat doch so viel wie möglich nach meinem Sinn* "[17].

Man darf annehmen, daß sich die gegensätzlichen jungen Leute gut verstanden. Jedenfalls charakterisiert die Mutter Anna Amalias, Herzogin Philippine Charlotte, die Ehe ihrer Tochter kurz nach dem Tod Ernst August

Constantins als „... c'était une union si bonne, que c'est à plaindre qu'elle n'ait été de plus durée".[18]

Wenn auch die jungen Eheleute in der Beurteilung politischer Fragen wohl kaum miteinander harmonierten, so doch in zahlreichen künstlerischen. Theater und Musik beschäftigten beide. Frucht dieser gemeinsamen Interessen war im August 1756 die Entstehung einer neuen Hofkapelle unter der Leitung von Johann Bach, einem Verwandten des großen Johann Sebastian, und im November desselben Jahres die Berufung der Döbbelinschen Theatergruppe an den Weimarer Hof. Erste Schritte zu einer Rekultivierung des unter Ernst August so vernachlässigten Weimars waren damit getan.

Anlaß zu größeren Festen boten, wie zu dieser Zeit üblich, die Familienfeiern des Herrscherhauses. Am 2. Juni 1756 wurde Ernst August Constantin neunzehn Jahre alt; am 24. Oktober desselben Jahres vollendete Anna Amalia ihr siebzehntes Lebensjahr. Die beiden Fast-noch-Kinder ließen sich feiern.

Hatten sich zu des Herzogs Geburtstag die Bergleute aus dem Erzbergwerk Ilmenau mit brennenden Fackeln zu einem Festzug formiert und dem Herzog eine Bergmusik dargebracht, feierte man Anna Amalias Geburtstag mit einem Vormittagsgottesdienst, einem Festessen für sechsundneunzig Personen und einem Ball. An diesem Abend bot die Döbbelinsche Truppe in Anspielung und Verehrung der jungen Landesmutter das Vorspiel *„Die durchlauchtigste Liebe"*.

Inzwischen war der Siebenjährige Krieg ausgebrochen.[19] Obwohl Anna Amalia innerlich ganz auf der Seite ihres stets hochverehrten Onkels Friedrich des Großen stand, mußte sie als Weimarer Fürstin die Reichstruppen unter-

stützen und in dieser und der späteren Zeit die Durchzü-
ge und Requirierungen, Plünderungen, ja selbst Kampf-
handlungen der kaiserlichen Truppen und ihrer ausländischen Verbündeten auf Weimarer Gebiet dulden.

Mehr als diese weltgeschichtlichen Ereignisse aber
beschäftigte im Winter und Sommer 1757 das junge Paar
die erste Schwangerschaft Anna Amalias. Schließlich
wurde am 3. September 1757, morgens gegen halb sechs
Uhr, den jungen Fürstlichkeiten das erste Kind, der Erbprinz Carl August (1757–1828), geboren. Der Fortbe-
stand der Sachsen-Weimar-Eisenachschen Dynastie war
gesichert.

In ihrem Wochenbett hörte Anna Amalia den Lärm
der ersten Reichstruppen, die unter Oberst von Rantzau
in Weimar einrückten. Im Herzogtum war trotz der sich
steigernden Belästigung durch biwakierende und plün-
dernde Heere die Freude über die Geburt eines Erbprinzen übergroß.

Schon einen Tag nach der Geburt Carl Augusts hielt
Graf Bünau stellvertretend für die vierzehn als Paten
eingetragenen deutschen Fürsten und als Vertreter des
gesamten Sachsen-Weimar-Eisenachschen Adels den
kleinen Prinzen über das Taufbecken der Schloßkapelle.

In Anna Amalias Aufzeichnungen heißt es zu diesem
sicherlich glücklichsten Ereignis ihrer kurzen Ehe: *„Im
siebzehnten Jahr wurde ich zum ersten Mal Mutter.
Könnte ich Ihnen beschreiben das Gefühl, welches ich
bekam, als ich Mutter wurde! Es war die erste und reinste
Freude, die ich in meinem Leben hatte. Mir war, als
wenn ich auch von verschiedenen andern neuen Empfindungen entbunden worden. Mein Herz wurde leichter,
meine Ideen wurden klarer; ich bekam mehr Zutrauen
zu mir selber".*[20]

Der Tod Ernst August Constantins

Am 28. Mai 1758 verstarb Herzog Ernst August Constantin, fast einundzwanzig Jahre alt.

Anna Amalia war zu dieser Zeit zum zweiten Male schwanger und erwartete für September ihr zweites Kind, den am 8. September 1758 geborenen Friedrich Ferdinand Constantin (1758–1793).

Seit langem kränkelnd, hatte sich der Erschöpfungszustand des jungen Herzogs im Laufe des Winters 1757/58 immer weiter gesteigert. Die eigentliche Krankheitsursache wurde nie ermittelt, und so blühten die Vermutungen. Man sprach davon, daß man während seiner Kindheit nicht genügend Rücksicht auf seine zarte Konstitution genommen habe – möglicherweise um bei einem frühen Tod sein Erbe antreten zu können – aber auch, daß er selbst einen Sturz vom Pferd nicht genügend beachtet habe. Die Obduktion ergab, daß vor allem Magen und Lunge stark in Mitleidenschaft gezogen waren. Die Beisetzung des Herzogs fand in der Grabkapelle der Wilhelmsburg statt.

Über die Trauer und Verzweiflung, die die junge Witwe empfunden haben wird, weiß man wenig. Der Verlust des ersten Menschen, mit dem sie – das zumindest läßt sich behaupten – zufrieden, um nicht zu sagen glücklich gelebt hat, kann sie nur tief getroffen haben.

In der ihr eigenen sowohl offenen als auch spröden Weise bekennt sie: *„In meinem achtzehnten Jahr fing die größte Epoche meines Lebens an. Ich wurde zum zweitenmal Mutter, wurde Wittib, Obervormündin und Regentin!*

Die schnellen Veränderungen, welche Schlag auf Schlag kamen, machten einen solchen Tumult in meiner Seele, daß ich nicht zu mir selber kommen konnte. Ein Zusammenfluß von Ideen, von Gefühl, die alle un-

entwickelt waren! Kein Freund, vor dem ich mich auf-
schließen konnte! Ich fühlte meine Untüchtigkeit, und
dennoch mußte ich alles in mir selber finden.

Wenn man die Gefahr vor Augen sieht oder der
Mensch viele Leiden hat, so nimmt er seine Zuflucht zum
Gebet. Nie habe ich mit wahrer und mehrer Inbrunst
gebetet als zu dieser Zeit; ich hätte die größte Heilige
werden können.

In denen Jahren, wo sonst alles blühtet, war bei mir
Nebel und Finsternis. "[21]

Der Tod seines Schwiegersohnes hatte Carl I. veranlaßt,
nach Weimar zu eilen, um seiner Tochter beizustehen.
Und auch die Mutter, Philippine Charlotte, hatte versprochen, zur Geburt des zweiten Enkelkindes in Weimar anwesend zu sein. Die strengen Urteile Anna Amalias über ihre Familie lassen sich durch deren Verhalten
also nicht erklären, zumindest nicht für diese Zeit. Vielmehr läßt sich nachweisen, daß sich Anna Amalia auf
ihre Familie stets verlassen konnte, daß man ihr Liebe
und Fürsorge und jegliche Hilfe entgegenbrachte. Als
echte „Vaterstochter" hat sie viele Jahre lang fast jede
Entscheidung mit ihrem Vater besprochen. Die Rücken-
deckung, die die junge Frau von ihrem Elternhaus
erhielt, hat ihr in der ersten Zeit ihrer Regentschaft zur
nötigen Tatkraft verholfen.

Der frühe Tod Ernst August Constantins stellte Weimar
erneut vor die Frage: Wer soll die Vormundschaftsregentschaft für den Erbprinzen – diesmal ein acht
Monate altes Kind – übernehmen?

Da sich das Sterben des jungen Herzogs seit längerem
angekündigt hatte, war von ihm und seinem Staats-

minister, dem Graf Bünau, ein Testament angefertigt worden, das diese Frage vor allem im Interesse des Grafen regelte. Das Testament vom 21. Februar 1758 bestimmte zum Obervormund den König von Dänemark, Friedrich V., der neben der selbst noch nicht mündigen Anna Amalia diese Pflichten übernehmen sollte. Der Dänenkönig genoß zu dieser Zeit hohes Ansehen unter den deutschen Fürsten, und vermutlich hoffte Bünau, von ihm mit seiner Vertretung beaufragt zu werden.

Noch am Todestag gab Graf Bünau den letzten Willen des jungen Herzogs bekannt. Kaum hatte er geendigt, erhob sich der Leibchirurg und Kammerherr Engelhardt vor der Versammlung und überreichte dem Grafen ein handschriftlich am 22. März 1758 ausgestelltes neues Kodizill[22] des Verstorbenen. In ihm verfügte Ernst August Constantin, daß seine Frau sofort die „venia aetatis"[23] beantragen und anschließend die Vormundschaft über ihren Sohn und auch die alleinige Landesadministration erhalten solle. Bis zu diesem Augenblick sollte ihr Vater, Carl I., beide Aufgaben übernehmen.

Der König von Dänemark war nach diesem Testament nur noch zu einer Art Ehrenvorsitz aufgefordert; Graf Bünau aber blieb ohne wirkliche Befugnisse. Ihm wurde lediglich die Leitung der verschiedenen Weimarer und Eisenacher Kollegien angeboten und diese auch nur bis zu dem Zeitpunkt, da er selbst seine Dienste aufkündigen wolle oder entlassen würde.

Das neue Testament war mit vollem Vertrauen in die Fähigkeiten Anna Amalias abgefaßt worden. Ernst August Constantin hatte sich entschlossen, seiner jungen Frau das Land und die Erziehung des Erbprinzen allein anzuvertrauen.

Für den Grafen Bünau war diese Wendung ein schmerzliches und letztlich unverdientes Ereignis. Es bestätigte ihm, was er seit langem vermutete: Das Vertrauen der jungen Herzogin besaß er nicht, sie suchte ihn möglichst schnell zu entmachten.

Daß der Braunschweigische Hof diese Bestrebungen zu decken schien, obwohl man dort seine großen Verdienste um den verwahrlosten Weimarer Hof und seine außergewöhnlichen administrativen Fähigkeiten voll anerkannte, enttäuschte ihn außerordentlich. Dem herausragenden Historiker, Verwalter und Erzieher wurde klar, daß er unter den ihn umgebenden Höflingen viele Neider hatte, die gern bereit waren, ihn zu ersetzen.

Am Hof zu Wien beobachtete man diese neue Wendung um die Erbfolge mit gemischten Gefühlen. Weder traute man den Weimarern, noch den Braunschweigern. Deshalb erteilte der Kaiser zwar Anna Amalia bereits am 1. August 1758 die Volljährigkeit, machte aber ihre Vormundschaft und Regentschaft davon abhängig, daß sie diese Aufgabe mit Friedrich August II., Kurfürst von Sachsen und König von Polen teile.

Diese Bedingung rief nicht nur bei Anna Amalia, sondern auch bei Carl I., sämtlichen verwandten Fürstenhäusern und den Landständen des Herzogtums schärfsten Protest hervor. Damit nicht genug, wandte sich der Reichstag zu Nürnberg gegen den als willkürlich empfundenen kaiserlichen Eingriff. Selbst Frankreich intervenierte zu Gunsten Anna Amalias.

In Wien zeigte die massive Kritik ihre Wirkung. Friedrich August II. verzichtete auf seine Mitwirkung bei der Vormundschaftsregentschaft. Am 9. Juli 1759 – also ein Jahr später – wurde die alleinige Vormundschaft und Regentschaft Anna Amalias vom Kaiser anerkannt. Nach aufreibenden, zähen Verhandlungen hatte es Anna Amalia erreicht, Selbstregentin ihres Herzogtums und Vormund ihrer beiden Söhne zu werden.

Das Verhältnis zum Grafen Bünau – obwohl sich dieser im Streit mit dem Kaiser auf Anna Amalias Seite gestellt hatte – gestaltete sich weiterhin schwierig. Bünau wollte nicht auf die Macht, die er unter Ernst August Constantin besessen hatte, verzichten, und Anna Amalia konnte ihre Abneigung – entgegen dem Rat ihres Vaters, den tüchtigen Hofmann noch einige Zeit zu halten – nicht unterdrücken.

Ein unhöflich und im Ton scharf abgefaßtes Schreiben Anna Amalias – hinter dem der Geheime Rat Nonne zu vermuten war – vom 24. August 1759 an den Grafen, in dem sich die Herzogin beschwerte, daß ein Schreiben des Pfalzgrafen von Zweibrücken an Bünau und ebenso dessen Antwort ihr vorenthalten worden seien, führte zum endgültigen Bruch.

Bünau berief sich in seinem Abschiedsgesuch auf den Mangel an Vertrauen, den er schon lange wahrgenommen habe.

Allgemein empfand man in Weimar das Ende der Kompetenzstreitigkeiten und die Bereinigung der Szene als befreiend.

Anna Amalia hatte sich durchgesetzt und auf sich als ernstzunehmende Regentin hingewiesen, die sich die Zügel nicht aus der Hand nehmen ließ. Am 13. Dezember 1759 bewilligte die Herzogin die Entlassung ihres ersten Premierministers.

Über diese Zeit schreibt sie: *„Nachdem der erste Sturm vorüber war, daß ich mich mit mehrer Ruhe und Gelas-*

senheit selber fühlen konnte, war meine erste Empfindung, daß meine Eitelkeit und Eigenliebe erwachte. Regentin zu sein, unabhängig zu schalten und zu walten (in denen jungen Jahren!) konnte wohl nichts anderes hervorbringen. Eine heimliche Stimme aber rief mir zu; ich hörte sie an und kehrete in mich zurück. Da stand ich nun ganz nackend; meine Eigenliebe wurde gedemütiget durch das Gefühl meines Unvermögens. Ich sah auf einmal das Große, was auf mich wartete, und fühlte dabei meine gänzliche Untüchtigkeit. Wahrheit und Eigenliebe kämpften: zum Glück, daß Wahrheit die Oberhand behielt!

Ich hatte schon Stolz genug, um mich in der Welt hervorzutun; er war aber nur noch in einem Schlummer. Mein Unvermögen kränkte mich sehr; ich wurde gegen mich mißtrauisch; ich fühlte immer und wußte nicht: was? Ach! wie glücklich wäre ich gewesen, wenn ich damals einen Freund gehabt hätte, der die große Kenntnis des menschlichen Herzens besessen, mir das aufzuschließen, was mir selber ein Rätsel und in mir tief verschlossen war! Es sollte aber nicht sein, und es schien, ich sollte ganz durch eigene Erfahrung gebildet werden.

Wenn jeder Mensch sich selbst genau durchforschte und bisweilen auf seine jungen Jahre zurückdächte, so würde er öfters finden, daß dasjenige, was wir dem Verstande zuschreiben, oft ein Werk des Instinkts und ein bloßes Ungefähr gewesen ist. Ich ließ mich, was mich selbst betraf, der Natur lediglich über; und gegen meine Kinder überließ ich mich der mütterlichen Liebe. Die Geschäfte, von denen ich nun gar nichts wußte, vertraute ich Leuten an, die durch lange Jahre und Routine Kenntnis davon besaßen.

Ich blieb eine Weile in dieser Dumpfheit der Sinne: auf einmal erwachten bei mir alle Leidenschaften. Mir *war wie einem Blinden, der auf einmal das Gesicht erhält. Es war Krieg, meine Brüder und nächsten Verwandten, die alle mit darinnen verwickelt waren, erwarben sich den größten Ruhm. Man hörte nichts als den Namen Braunschweig, er wurde besungen von Feind und Freund, mit Lorbeeren bekränzt. Alles dies erweckt meinen Stolz und Eitelkeit; ich angelte nach Ruhm und nach Lob. Tag und Nacht studierte ich, mich selbst zu bilden und mich zu den Geschäften tüchtig zu machen.*"[24]

Anna Amalia hatte ihren Platz in ihrem Herzogtum und unter den anderen Duodezfürsten gefunden.

Von nun an apostrophierten sie ihre Untertanen zu Recht mit *„Durchlauchtigste Herzogin, gnädigst regierende Fürstin und Frau".*

Und sie sandte ihre Befehle ins Land als *„Wir, Anna Amalia, von Gottes Gnaden Herzogin zu Sachsen, Jülich, Kleve und Berg, auch Egern und Westfalen, geborene Herzogin zu Braunschweig und Lüneburg, Landgräfin in Thüringen, Markgräfin zu Meißen, gefürstete Gräfin zu Henneberg, Gräfin zu der Mark und Ravensburg, Frau zu Ravenstein, Obervormünderin und Regentin".*[25]

Die beiden letzten Bezeichnungen waren ihr die wichtigsten!

Anna Amalias Regentschaft

Administration und Politik

Sechzehn Jahre lang – von 1759 bis 1775 – regierte Anna Amalia ihren kleinen, landschaftlich schönen, wirtschaftlich armen und politisch unbedeutenden Staat. Sie war knapp zwanzig Jahre alt, als sie die Vormundschaftsregentschaft übernahm, und gerade sechsunddreißig, als sie sie wieder abgab.

Mitten im altersschwachen Heiligen Römischen Reich Deutscher Nation gelegen, war ihr Fürstentum – abgesehen von seiner Bindung an den Wiener Hof – ein unabhängiges Staatengebilde, politisch und wirtschaftlich autonom.

Anna Amalia war Selbstregentin, das heißt, nichts stand in Sachsen-Weimar-Eisenach theoretisch gegen ihre Entscheidungen und selbst die geringsten bedurften ihrer Unterschrift oder ihres Wortes. Doch diese Selbstregentschaft fand nicht ohne Mitregenten statt. Sowohl das Geheime Consilium als auch die Landstände versuchten, ihre Entscheidungen zu beeinflussen. Im Geheimen Consilium waren es vor allem die jeweiligen Präsidenten, die beratend auf sie einwirkten. Während ihrer Regierungszeit waren dies: der Geheime Rat von Rhedinger, der Geheime Rat von Nonne, der Geheime Rat von Greiner und der Geheime Rat von Fritsch.

Ihre bevorzugten Ratgeber waren Poppo von Greiner (1708–1772) und Jakob Friedrich von Fritsch.

Johann Poppo von Greiner, ein älterer, offenbar sehr gewandter und erfahrener Beamter, wurde von Anna Amalia wie ein väterlicher Freund verehrt und bis zu seinem Tod als Vertrauter und Ratgeber hoch geschätzt. Er, der ehemalige Lehrer ihres Mannes, ist der in *„Meine Gedanken"* vielfach beschworene *„Freund seiner Freun-*

de...", *dessen Seele „zu edel und aufrichtig" war, „als daß er schmeicheln konnte...", von dem sie die „Wahrheit" kennengelernt und lieb gewonnen hatte*[26].

Jakob Friedrich Freiherr von Fritsch hingegen bewährte sich in vielen Jahren als Vertrauter und Mitstreiter. Schon Ernst August Constantin hatte er zu seiner Eheschließung nach Braunschweig begleitet. Unter Anna Amalias Vormundschaftsregentschaft zeichnete er sich bei den Reformen des Gesundheits- und Polizeiwesens und der Feuerbekämpfung aus. Noch entscheidender aber war, daß er vorzüglich mit Anna Amalia umzugehen verstand, sie zu beruhigen und zu beeinflussen wußte. So beriet er sie in schwierigen Phasen der Erziehung ihrer Söhne und verhinderte, daß sie frühzeitig ihre Vormundschaftsregentschaft aufkündigte.

Ganz anders geartet war der Versuch der Landstände, Einfluß auf die Entscheidungen der Herzogin zu gewinnen. Während des Weimarer Landtags von 1763 bestanden sie aus: einem Prälaten (Vertreter der Universität Jena), dreiundvierzig Rittergutsbesitzern und neun Vertretern der Städte. Sie ergriffen damals und auch 1768 die Gelegenheit, Anna Amalia auf Mißstände bei den Steuererhebungen, auf nicht gerechtfertigte Stellenvergabe und dergleichen hinzuweisen. Sie konnten aber die Politik der Herrscherin nicht wesentlich beeinflussen.

Dennoch war Anna Amalia auch als Selbstregentin an diese Mitregenten gebunden, und das Wohl und Wehe des kleinen Staates hing von dem ausgewogenen Miteinander dieser Kräfte ab.

Zu Beginn ihrer Regentschaft wurde Anna Amalia, wie bereits erwähnt, intensiv vom Braunschweiger Hof unterstützt. Als am 30. August 1759 ihre Regierungszeit begann, rief Carl I. seinen Vizekanzler Georg Septimus Andreas von Praun (1701–1786) zurück, der zuvor fünfzehn Monate lang Anna Amalia gründlich mit allen hauptsächlichen Regierungsgeschäften vertraut gemacht hatte.

Der vorsorgliche Vater empfahl seinem Vizekanzler, seine Abreise nicht zu überstürzen, falls Anna Amalia noch seiner Hilfe bedürfe. Mehr oder minder aber festigte sich zu dieser Zeit bei den Braunschweigern der Eindruck, daß man sie in Weimar gern loswerden wolle. Besonders das Consiliumsmitglied von Nonne und der Kabinettssekretär von Kotzebue gerieten in den Verdacht, nun das Heft allein in die Hand nehmen zu wollen.

Die Braunschweiger waren über die Einflußnahme auf die noch unerfahrene junge Fürstin nicht erfreut, konnten aber letztlich nichts unternehmen, da Anna Amalia ihren Untergebenen vertraute und nach Eigenständigkeit strebte.

Die berühmte Denkschrift, die die Herzogin zu ihrem Regierungsantritt am 8. September 1759 an von Rhedinger richtete, zeigte in Geist und Diktion die Handschrift von Prauns. Änderungen, die Anna Amalia vorgenommen hatte, billigte von Praun nur ungern.

In diesem „Pro Memoria" heißt es:

„Da ich unter anhoffendem Göttlichen Beystand und Seegen die Obervormundschaftliche Regierung dieser Lande angetreten habe, um sie zum Nutzen und Bestand Meiner unmündigen Prinzen und deren Lande zu führen; so bin Ich zuförderst der Mir obliegenden schweren Verantwortung eingedenk, und um das in Mich gesetzte Vertrauen zu rechtfertigen, erachte Ich Mich, so weit es das Mir von Gott dargebotene Vermögen gestattet, schuldig, nach dem weisen Exempel Meines hochgeehrtesten

Herrn Vaters Gnaden Mir die Mühe nicht verdrießen zu
lassen, alles mit eigenen Augen zu sehen und mit eigenen
Ohren zu hören.

Ich habe aus solcher Ursach Mir fest vorgenommen,
sowohl daß Geheime Consilium fleißig zu besuchen, als
auch von dem, was sonsten und außer denen Sessionen
vorfällt, mündlichen und schriftlichen Vortrag zu allen
Zeiten willig anzunehmen, einem jeden aufmerksames
Gehör zu ertheilen, treuer Diener Einraths Mich zu
bedienen und darauf zu resolviren.

Ich werde auch die Mühe nicht scheuen, sowohl die
Munda zu vollziehen, als die denenselben allemahl bey-
zulegende Concepte zugleich zu signiren. Zu solchem
Ende werden demnach künftig alle Expeditiones aus der
Geheimen Canzley an Meinen Cabinet-Secretair Kotze-
bue zu schicken und von diesem an jene zu remittiren
seyn; und damit wegen des Hin und Herschickens keine
Unordnung und Dispute entstehen möge, wird ein gewis-
ses Reglement zu machen, gleichwie auch selbiger im
Geheimen Conseil als Geheimer Referendarius zu beey-
digen und ihm der Caracter eines Legations-Raths nebst
einem dießfalsigen jährlichen Gehalt á Zweyhundert
Thaler aus Fürstlicher Cammer auszumachen seyn.

Nächstdem werden sämmtliche einkommende Schrei-
ben, Berichte und Suppliquen, nur allein die ausgenom-
men, worauf das Departement wohin sie behören,
bemercket ist, Mir jedesmahlen zur Eröfnung und ersten
Einsicht zuzustellen seyn, da Ich denn nach Befinden sel-
bige zu dem Geheimen Conseil schicken laßen, und Mei-
nem Cabinet-Secretair darüber ein richtiges Journal zu
halten aufgeben werde.

Ingleichen erwarte Ich alle Sonnabend nebst denen
wöchentlichen Cammer und Cassen-Extraiten einen aus

den Registrandis nach Ordnung der Sessions-Protocolle
in eins kurz zusammen gezogen und zu Meinen eignen
Händen zu adressirenden Extract, um im Stande zu seyn,
daraus recapitulationsweise zu ersehen, was die Woche
hindurch vorgekommen und was daraus resolviret wor-
den. Dieses, nach einer gewissen Vorschrift zu machen, ist
einem der Subalternen aufzugeben.

Der Herr Geheimbde Rath wird sich gefallen lassen,
diese Meine Willens-Meynung den übrigen Gliedern des
Geheimen Conseil, damit die derselben conforme Vor-
kehrungen und Anstalten gemacht werden mögen, be-
kannt zu machen.

Belvedere, den 8. Sept. 1759.
Des Herrn Geheimden Raths
sehr wohl affectionirte
Amelie H. z. S. "[27]

Das „Pro Memoria" machte deutlich, mit welcher Ernsthaftigkeit die fast Zwanzigjährige ihre Aufgabe anging
und mit Gottes Hilfe hoffte, ihre Macht zum Nutzen
ihrer beiden Söhne und des Landes einsetzen zu können.
Es zeigte sich aber auch, daß die junge Herzogin ihre
Regierungszeit als eine vorübergehende Periode ansah,
in der sie nicht unbedingt neue Akzente setzen wollte.

Von ihrer Erziehung her nicht auf eine Regentschaft
vorbereitet – obwohl Abt Jerusalem (1709–1789), der am
Braunschweiger Hof die Erziehung der Fürstenkinder
bestimmte, auch den Mädchen Unterweisungen in
Fremdsprachen, Geschichte, den schönen Künsten usw.
verordnet hatte –, war sie von den nun plötzlich an sie
gestellten Anforderungen überrascht worden.

Von ihrem Vater und vor allem dessen Vizekanzler von
Praun beraten, hatte sie inzwischen gelernt, daß „wahre

Gottesfurcht und unpartheyische Justizpflege" die
"eigentliche Stützen von einem guten Regiment" sind, daß
weiterhin ein guter Haushalt unerläßlich, *"um die Bedürf-
nisse eines Staates bestreiten zu können, ohne die unter-
thanen über die gebühr zu beschweren"* und schließlich
Staatsklugheit erforderlich sei, die sich gründet *"auf eine
kentnüß der Staats- und Landesverfassungen oder der
vornehmsten in- und ausländischen geschäffte"*.[28]

Im aufklärerischen protestantischen Gedankengut
groß geworden, suchte Anna Amalia während ihrer Regentschaft die einmal gegebene Grundordnung zu re-
spektieren und sie – wovon sie fest überzeugt war – zum
Wohle ihrer Söhne und zum Wohle des ihr vorübergehend anvertrauten Landes zu nutzen.

Niemals stellte sie im Bereich des Staates die vorge-
fundenen Herrschaftsstrukturen in Frage, niemals suchte sie sie, wie dies des öfteren bei aufgeklärten Fürsten
ihrer Zeit der Fall war, in einem freiheitlichen Sinne zu
verbessern.

Anna Amalia war als Landesfürstin eine Bewahrerin
der ihr von Kindheitstagen an vertrauten Staatsordnung,
die sie als von Gott gewollt empfand.

Als Anna Amalia die Vormundschaftsregierung übernahm, war Sachsen-Weimar-Eisenach ein armer Staat.
Die finanziellen Opfer, die der Siebenjährige Krieg dem
Herzogtum abverlangte und die Schulden, die noch
immer aus der verschwenderischen Regierungszeit ihres
Schwiegervaters, Herzog Ernst August, auf dem Lande
lasteten, erschwerten den Regierungsbeginn. Es bedurfte
außerordentlichen Sparmaßnahmen und Zurückhaltung
bei neuen Projekten, wenn sich die finanzielle Lage ent-
spannen sollte.

Anna Amalia empfand die Konsolidierung der Finanzen als eine ihrer ersten Aufgaben und widmete sich ihr mit besonderem Eifer. Mit ihren Bemühungen setzte sie die Anstrengungen fort, die während ihrer Landesverwaltungstätigkeiten auf ähnliche Weise bereits Friedrich III. von Gotha, später Graf Bünau und auch ihr Vater unternommen hatten.

Wöchentlich verlangte nun Anna Amalia Übersicht über den Stand der verschiedenen Kassen. War es nötig, paßte die Herzogin die Ausgaben der Lage an, kürzte beispielsweise Gehälter oder strich Ausgaben für kulturelle Zwecke. Auch steuerte sie aus der eigenen Schatulle beachtliche Zuschüsse bei, vor allem zur Aufrechterhaltung ihrer Hofhaltung, die nie mit den vorgesehenen Summen auskam und nach ihrer Meinung zu verschwenderisch mit den bewilligten Geldern umging. Ebenfalls erhob die Herzogin zahlreiche Steuern – z. B. 1763 bis zu sechzehn Ordinar- und Extraordinarsteuern[29] und Accisen[30]. Sie kümmerte sich aber auch selbst um den Verkauf des Getreides und der Hölzer aus ihren Kammergütern[31] oder empfahl der Landeskasse, Geld zu vier Prozent an Privatleute mit einer Laufzeit von sechs Monaten zu verleihen.

Kurzum: Anna Amalia erwies sich in ihrer sechzehnjährigen Vormundschaftsregentschaft als eine kompetente, von praktischem Menschenverstand geleitete Herrscherin, die sich gründlich mit der Finanzlage ihres Landes auseinandersetzte und nötigenfalls auch persönlich und mit eigenen Geldern zum Wohle der Allgemeinheit eingriff. Dabei vergaß sie natürlich sich selbst nicht. Aufstellungen aus ihrer Schatullenkasse zeigen, daß sie ihr Geld für Spielzwecke, Garderobe und Juwelen, Präsente, Almosen, Reisen und Dienerbesoldung ausgab

und dennoch oft ein Rest übrigblieb, den sie nutz-
bringend auslieh.

Wenn auch die Folgen der früheren Mißwirtschaft,
des Siebenjährigen Krieges, der Hungersnot von 1770/71
und schließlich des Brandes in der Wilhelmsburg 1774
nur mit Mühe aufgefangen werden konnten, so hinter-
ließ Anna Amalia doch ihrem Sohn Carl August bei dessen Regentschaftsantritt einen geordneten Etat.

Zu Beginn ihrer Vermundschaftsregierung stellte sich
Anna Amalia eine weitere große Aufgabe: Sie wollte ihr
Land, soweit dies möglich war, aus den Wirren des Sie-
benjährigen Krieges heraushalten.

Der große europäische Krieg zwischen Preußen einerseits und Österreich mit seinen Verbündeten Frankreich und Rußland andererseits stellte hohe Anforderungen an ihr diplomatisches Geschick. Emotional
stand die Herzogin auf der Seite ihres großen Onkels,
Friedrich II., für den auch ihre Brüder kämpften. Ratio-
nal wußte sie, daß sie im Interesse ihres kleinen Landes,
das zwischen den Fronten lag, ihren Verpflichtungen
gegenüber Kaiser und Reich strengstens nachkommen
mußte.

So stellte – noch unter der Vormundschaftsregentschafts ihres Vaters, jedoch mit ihrer Billigung – ihr Herzogtum ein Kontingent von sechshundertsechsund-
sechzig Soldaten für die Reichsarmee. Dem 1761 von
ihrem Onkel vorgebrachten Wunsch nach einem Kontingent von einhundertfünfzig Soldaten aber versuchte
sie auszuweichen. Mit ihrem stillen Einverständnis ver-
steckten sich ihre jungen kriegstauglichen Landsleute in
den Wäldern und kamen daraus erst wieder hervor, als
die preußischen Werber abgezogen waren.

Von den vierhundert Soldaten, die Preußen 1762 verlangte, traten einhundertfünfunddreißig sofort in preußische Dienste, weitere einhundert schlossen sich später an, den Rest erließ man dem Weimarer Hof.

Trotz aller Anstrengungen konnte es Anna Amalia aber nicht verhindern, daß ihr Land in die Kriegsauseinandersetzungen hineingezogen wurde. Die Reichstruppen, seltener die Preußen, zerstörten bei Durchzügen, Requirierungen, Einquartierungen und Scharmützeln den Frieden und Wohlstand des Landes. Lebensmittellieferungen, Fuhrdienste, Kriegssteuern, Auffüllungen von Soldatenkontingenten – am Ende des Krieges war Sachsen-Weimar-Eisenach erschöpft. Doch die Beschwerden, die Anna Amalia hierüber an den Wiener Hof richtete, und ihre Bemühungen um Aufrechnung der Kosten blieben ohne großen Erfolg.

Während dieser Jahre war der Weimarer Hof durch einen Agenten beim Reichshofrat vertreten; dagegen war ein kaiserlicher Gesandter nur in Ausnahmefällen in Weimar anzutreffen. Josef II. ernannte erst 1773 einen eigenen Bevollmächtigten für die ernestinischen Häuser. Dieser logierte in Erlangen, stellte sich bei allen ernestinischen Höfen vor und berichtete über sie in Wien.

Bei seiner Berichterstattung über den Weimarer Hof versäumte er nie, Anna Amalias Vorliebe für Preußen und Braunschweig zu betonen. Allerdings hielt er es auch nicht für unmöglich, daß Anna Amalia für die kaiserliche Seite zu gewinnen sei. Die junge Herzogin muß sich also sehr klug verhalten und diplomatisches Geschick bewiesen haben.

Schon ihr Verhalten im Siebenjährigen Krieg hatte bewiesen, daß Anna Amalia für Krieg und Militärwesen wenig übrig hatte. Auch später war sie bestrebt, die Armee klein zu halten und vor allem keine Truppen in fremde Dienste zu vermitteln. Mit Entsetzen hatte sie registriert, daß ihr ewig verschwenderisch lebender Vater, als letzte Möglichkeit, seine Schulden abzubauen, braunschweigische Soldaten an England verkauft hatte, was ihm harsche Kritik von allen Seiten einbrachte.

Daß aus dem Reichskontingent, das Sachsen-Weimar-Eisenach zu Beginn des Siebenjährigen Krieges stellen mußte, viele Soldaten desertierten, nahm sie diesen nicht übel. Vom März 1763 liegt ein Generalpardon für alle diejenigen vor, die entweder aus Furcht vor den preußischen Werbern oder der drohenden Einstellung in das Reichskontingent aus dem Lande geflohen waren.

1782 bestand das ganze weimarische Militär aus: „einem Rittmeister, zweiundzwanzig Mann und zweiundzwanzig Pferden Garde du Corps in Weimar, einem Wachtmeister, elf Mann und neun Pferden Husaren in Weimar und Eisenach, einem Kapitän und sieben Mann Artillerie in Weimar, einem Oberst, zwei Majors und acht Kompagnien Infanterie in Weimar, Eisenach und Jena.“[32]

In ihrem Verhältnis zu den Landständen erwies sich die Herzogin von außen gesehen als eine verständnisvolle und den Anliegen der Deputierten gegenüber aufgeschlossene Landesherrin. Bei allem Entgegenkommen aber wahrte sie immer sehr energisch ihre Rechte und wußte ihre Positionen auch gegen den Willen der Landstände gut zu behaupten. So stellte sie sich in ihrer sechzehnjährigen Amtszeit nicht alle fünf Jahre, wie es rechtens gewesen wäre, sondern nur zweimal, 1763 und 1768, auf den Weimarer Landtagen zur unmittelbaren Rechenschaftsgebung. Sie begründete diese Abstinenz mit dem

Siebenjährigen Krieg, mit den immensen Kosten der Veranstaltung und ihrer begrenzten Regierungszeit. Der eigentliche Grund aber lag darin, daß sie das Hineinreden in ihre einmal gefaßten Beschlüsse nicht schätzte und wie ihr Vater die Versammlungen der Landstände als Zeit- und Geldverschwendung ansah.

Die Landtage, bei denen es von Seiten der Landstände vor allem um Steuerfragen, Beanstandungen oder Verbesserungsvorschläge für die Regierung, wie Aufhebung der Fronden[33], Bitten um Erlaß der Landes-, Prozeß- oder Taxordnungen, Bevorzugung der Landeskinder bei Stellenvergaben usw. ging, behandelte Anna Amalia als Formsache. Letztlich richtete sie sich nicht nach den Beschlüssen der Stände, sondern nach ihren eigenen Vorstellungen. So ging die Vierundzwanzigjährige 1763 einfach über eine mit den Landständen ausgehandelte Steuersumme hinweg, indem sie die von ihr vorgesehene, wesentlich höhere Summe im Schlußbericht festschrieb und sich weigerte, über diesen Willkürakt nochmals mit den Deputierten zu verhandeln.

Beim Landtag 1768 zeigte sie sich zwar verbindlicher, doch lehnte sie auch hier ein wirkliches Mitspracherecht der Landtagsabgeordneten ab. Diesmal begründete sie ihre Ablehnung mit einem Gutachten der Regierung, das feststellte, daß es Fürsten jederzeit freistehen müsse, *„die ständischen Bewilligungen zu dem intendierten Behufe nach eigenem Belieben zu administrieren oder administrieren zu lassen"*[34].

Alles in allem mag die Schilderung des kaiserlichen Gesandten Monmartin von der Stellung des Weimarer Landtags unter Anna Amalia der Wirklichkeit nahe kommen. Hier heißt es: *„Es ist öfters und zumal während der gegenwärtigen obervormundschaftlichen Re-*

gierung geschehen, daß von Herrschafts wegen in die
landschaftliche Casse starke und widerrechtliche Eingrif-
fe gemacht worden, welches um des willen desto leichter
ist, als eines teils die weimarische Landstände, so meistens
aus unwissenden und in beklemmten Umständen sich
befindenden Personen bestehen, schon seit einigen Jahren
fast gänzlich unterdrückt sind und sich wider das will-
kürliche Verfahren und Schmälerung der landschaftli-
chen gerechtsame nicht regen können, andernteils weil
die Landschaftskassen privative von herrschaftlichen
Dienern verwaltet werden, folglich blos auch von der
herrschaftlichen Gewalt abhängen. "[35]

In den Jahren Anna Amalias Vormundschaftsregierung
kümmerte sich der Weimarer Hof – wie jeder aufge-
klärte, absolutistisch regierte Staat – nicht nur um die
administrativen, politischen und kulturellen Belange,
sondern versuchte auch die Landwirtschaft, den Handel,
das Gewerbe, die medizinische Versorgung, ja sogar
Sitte, tägliche Lebensführung, Feste – kurz: jede Lebens-
äußerung zu bestimmen. Nichts blieb dem Staat verborgen, nichts blieb von Staats wegen ungeregelt. Hatte
Ernst August Constantin den Untertanen bereits das
Raisonieren über Zeitereignisse verboten, fügte Anna
Amalia 1760 das Verbot des Korrespondierens über allgemeine Zwistigkeiten hinzu. Jeder sollte sich ausschließlich um seine Arbeit kümmern und nicht um
Ereignisse, die ihn nichts angingen – und dies bei Strafe.
   In Sachsen-Weimar-Eisenach legte die „Landes- und
Polizeiordnung" die Gebote und Verbote eines geord-
neten Miteinanders fest.
   Zur Zeit Anna Amalias bezogen sich diese Ordnun-
gen im Kern auf Vorschriften, die bereits 1706 erlassen

worden waren und 1765 neu bestätigt wurden. Die Verordnungen richteten sich vor allem gegen den übertriebenen Luxus bei Verlöbnissen, Hochzeiten, Kindtaufen, Beerdigungen und die Vergnügungssucht bei Tanz, Spiel, Besuch der Kirmes und den Ausflügen in die Dörfer, aber auch gegen das Bettelwesen, das Almosengeben und vor allem gegen den Sittenverfall wie er in Ehebruch, Blutschande, vorehelichem Geschlechtsverkehr, unehelicher Geburt, Prostitution manifest wurde.

Alle diese Anordnungen hatten letztlich das Ziel, die staatliche Ordnung funktionsfähig zu halten und die Standesunterschiede zu verfestigen.

Es ist auffallend, daß Anna Amalia diese Verordnungen fast ausnahmslos bestätigte und ihnen wenig Neues, vor allem nichts Lockerndes oder gar Minderndes hinzufügte. Auch zeigt sich, daß sie besonders geneigt war, Verordnungen, die sich gegen Luxus und exzessive Vergnügungssucht wandten, zu unterstützen. So war sie beispielsweise der Meinung, daß bei Hochzeiten sowohl bei der Kleidung als auch dem Festschmaus gespart werden könne. Ebenfalls fand sie es tadelnswert, daß bei einem Trauerfall den Dienern Trauerkleidung gestellt und ein üppiger Leichenschmaus abgehalten wurde.

Gegen den Vergnügungssinn ihrer Untertanen verordnete die Herzogin in der Zeit des Siebenjährigen Krieges, daß ein jeder die Sonn- und Feiertage so zu verbringen habe, daß er sich *„vor dem Herren in wahrer Buße demütige und ihn zuversichtlich anrufe, damit er die so viele Länder verzehrende Kriegsflamme mit dem Blute seines Sohnes selbst auslösche"*[36].

Generell verbot sie an Sonn- und Feiertagen das Tanzen, sowie das Dorflaufen und das Karten- und Würfelspiel – dies vor allem, weil gegen diese Laster die Bürger

„ihre Nahrung hintansetzen und sich und die Ihrigen in Armut stürzen"[37], somit letztlich dem Staat zur Last fielen.

Auch war dem Bettelwesen und der Armut zu ihrer Zeit von Staats wegen der Kampf angesagt. An den Landesgrenzen standen Schilder mit der Aufschrift *„Hier wird kein fremder Bettler bei Zuchthausstrafe geduldet"*[38]. Verirrte sich ein solcher auf Sachsen-Weimar-Eisenachsches Gebiet, so wurde er über die Grenze abgeschoben. Wagte er eine Rückkehr, hatte er beim ersten Versuch zur Strafe Straßenbauarbeiten auszuführen, beim zweiten drohte ihm dann das Zuchthaus.

Für den Unterhalt der einheimischen Armen hatten hingegen die Heimatgemeinden aufzukommen, indem sie ihnen Arbeitsmöglichkeiten wie Spinnen oder auch Wegebau zuwiesen, unentgeltlichen Schulunterricht anboten und bei ihrem Ableben auch für ein freies Begräbnis sorgten.

Nach der Hungersnot von 1770/71 verfügte Anna Amalia, daß die Armen zu einem niedrigen Preis mit Getreide und Brot versorgt werden sollten. Zu diesem Zweck ließ sie Beamte der Generalpolizeidirektion Verzeichnisse aller wirklich Armen anlegen und diesen gegen Bescheinigung Brot austeilen.

Dem Bettelwesen suchte die Herzogin dadurch zu begegnen, daß Almosensammlungen von Staats wegen unternommen und private Spenden verboten wurden. Im Lande umherschweifende Bettler wurden aufgegriffen und gegebenenfalls vertrieben. Auch wurde eine strenge Meldepflicht in den Wirtshäusern eingeführt, ja sogar von den Bürgern erwartet – die Hofgesellschaft natürlich ausgenommen –, daß sie jeden bei ihnen übernachtenden Fremden meldeten.

Nicht weniger heftig reagierte der Staat Anna Amalias auf den Sittenverfall. Der außereheliche Geschlechtsverkehr wurde bestraft; Ehen zwischen diesen Partnern waren verboten, da man annahm, daß Frauen auf diese Weise zu einem Ehemann kommen wollten. Für Kinder aus solchen Verbindungen gab es keinerlei Unterstützung. Verheimlichten Frauen eine nicht eheliche Schwangerschaft oder verursachten sie gar den Tod eines Neugeborenen, so erhielten sie bis zu zehn Jahren Zuchthaus. Besonders hart reagierte der Staat auf dreimal außerehelich Geschwängerte. Einheimische Dirnen wurden hierfür drei Tage hintereinander jeweils eine Stunde an den Pranger gestellt und ausgepaukt[39] und anschließend vier Wochen ins Zuchthaus gesteckt; mit fremden Dirnen verfuhr man in gleicher Weise, nur daß man sie anschließend des Landes verwies.

Männern war prinzipiell die Eheschließung unter vierundzwanzig Jahren verboten, da man sie dann als nicht mehr militärwillig einschätzte. Soldaten, die Mädchen geschwängert hatten, mußten zehnmal durch einhundert Mann Gassenlaufen[40].

Gewerbsmäßige Huren wurden des Landes verwiesen, damit sie nicht mit Geschlechtskrankheiten die Bevölkerung ansteckten. Zuvor aber stellte man auch sie an den Pranger und paukte sie aus. Jeder im Lande hatte die Pflicht – bei zwanzig Reichstaler Strafe –, Huren anzuzeigen.

Von Anfang an beschäftigte Anna Amalia die Sorge um die Gesundheit ihrer Untertanen. Zwar wandte sie sich gegen den Vorschlag des Landtags von 1768, überall beamtete Ärzte anzustellen, da sie ihrer Meinung nach nicht ausreichend entlohnt werden konnten, doch erging

1772 ein Zirkular an die Gemeindevorsteher mit dem Vorschlag, Kranken, die sich nicht selbst einen Arzt leisten könnten, einen solchen auf Kosten der Gemeinde zu stellen. Auch ließ Anna Amalia im Hungerwinter 1770/71 kostenlos Arzneimittel an Bedürftige verteilen.

Sehr energisch setzte sich die Herzogin für den Plan ein, in Jena ein Hebammeninstitut zu gründen. Aus Finanzmangel ließ sich dieses Projekt allerdings erst unter ihrem Sohn Carl August realisieren. Während ihrer Regierungszeit berief Anna Amalia einen Provinzalaccoucheur, den Hofchirurgen Herold, der bei schwierigen Geburten half und von Anna Amalia aus eigener Schatulle bezahlt wurde. Gleichzeitig erneuerte sie alle Verbote gegen Kurpfuscherei.

Von Staats wegen geregelt waren auch alle Löhne für das Gesinde, die Preise für landwirtschaftliche Erzeugnisse, der Tausch oder Kauf von Grundstücken und vieles mehr. So kam es nach dem Siebenjährigen Krieg wieder zu festen Taxordnungen für Schnitter, Drescher, Tagelöhner und Handwerker. Ebenfalls existierte eine feste Preisordnung für landwirtschaftliche Erzeugnisse. Den Bauern war es nicht erlaubt, ihre Produkte an diejenigen zu verkaufen, die ihnen hierfür das meiste boten, sondern denjenigen, die die Waren dringend bedurften. Bei schlechten Ernten ließ Anna Amalia beispielsweise nachforschen, ob die Bauern nicht Getreide zurückhielten, um es später teurer zu veräußern. Als die Fleischpreise stiegen, verbot die Fürstin den Viehverkauf ins Ausland bei Konfiskation[41] oder Leibesstrafe.

Nicht anders ging es beim Tausch oder Verkauf von Grundstücken zu. Einen berufsmäßigen Immobilienhandel gab es nicht. Kam es zu Hausverkäufen, hatte derjenige den Vorrang, der noch kein Haus besaß. Da die Häuser mit Stroh gedeckt waren und leicht brannten, existierte keine Feuerversicherung. Auf Häuser konnte man deshalb auch keine Hypotheken aufnehmen.

1768 schrieb Anna Amalia für alle Neubauten in ihrer Residenzstadt eine Bedachung durch Ziegel vor und belohnte diejenigen, die ihre alten Dächer mit diesem Material erneuerten, mit einer teilweisen Kostenrückerstattung.

Anna Amalias gemeinnützigste Tat aber war 1768 die Einführung einer Feuerversicherung nach dem von ihrem Vater Carl I. in Braunschweig bereits seit 1753 praktizierten Modell. Oftmals gegen den Willen der Bevölkerung konnte sie dieses segensreiche Vorhaben durchsetzen. Nun war Hauseigentum durch Hypotheken belastbar, und es erübrigten sich die Kollekten, die nach allen größeren Bränden von der Regierung für die Brandopfer bisher angeordnet worden waren.

Eine weitere wichtige Aufgabe während ihrer Regierungszeit war für Anna Amalia sowohl die Instandhaltung der großen Landstraßen – wozu oft das Geld fehlte – als auch die Pflasterung und Reinhaltung der Straßen in den Städten.

In Weimar sorgte ein rigides Straßenreinigungsreglement von 1759 für die Sauberhaltung der Residenzstadt. Im wesentlichen waren die Hauseigentümer für die regelmäßige Säuberung vor ihren Haustüren – Beseitigung der Misthaufen, Unrat, Eis und Schnee – verantwortlich. Gewisse gegen die Haltung von Hunden gerichtete Erlasse stehen hiermit in Verbindung. Seit 1756 war es beispielsweise verboten, sie frei herumlaufen zu lassen oder sie gar mit ins Schloß zu bringen. 1771 wurde sogar die Beseitigung aller überflüssigen Tiere angeordnet.

Für die Beleuchtung der Straßen Weimars hatte das Laternen-Institut zu sorgen. Das nötige Geld zur Anschaffung neuer Laternen und zur Ausbesserung der alten wurde zur Zeit der Regentschaft Anna Amalias durch eine einst für die Pflasterung der Straßen erhobenen Steuer aufgebracht, die nicht mehr benötigt wurde, da ab 1769 die Bepflasterung im wesentlichen abgeschlossen war.

Anna Amalia hat sich stets besonders für die Verschönerung ihrer Residenzstadt eingesetzt, allerdings immer nur unter der Voraussetzung, daß es die Weimarer Finanzen zuließen.

Während ihrer Regentschaft ergriff sie eine Reihe von Maßnahmen, die aus dem bäuerlich geprägten Städtchen eine bescheidene Residenz machten. So ließ sie beispielsweise 1767 alle oft übelriechenden Abwasserkanäle überwölben, die Weimar durchzogen, und initiierte, daß der alte Stadtgraben in der Nähe des Erfurter Tors ausgefüllt und zusammen mit dem Schweinemarkt in den großen Karlsplatz umgewandelt wurde. Auch wurde 1758 ein Turm des Erfurter Tors und 1759 das Innere Kegeltor abgerissen. Ab 1771 hatten alle Scheunen innerhalb der Stadtmauern zu verschwinden und Häusern Platz zu machen.

Eine der Hauptanziehungspunkte Weimars, die Esplanade, war zwar bereits unter Ernst August Constantin 1757 erstanden, doch fand die richtige Nutzung erst unter Anna Amalia statt. Beide Enden dieser herrlichen, baumbestandenen Promenade waren mit Gittern verschlossen. Dort, wo sie einen Winkel bildet, befanden sich eine Laube und ein Goldfischteich. Zutritt zur Esplanade hatten nur der Adel oder die städtischen Honoratioren. Kinder waren an der Hand zu führen. Hunde wurden verjagt.

Anna Amalia promenierte meist sonntags mit ihrem Gefolge nach dem Mittagstisch in dieser sehr gepflegten Anlage. Dann ließ sie sich von den Weimarern, die sich versammelt hatten, bewundern, während sie mit Semmelbrocken die Goldfische im Bassin fütterte. Nach angemessener Zeit entschwand sie wieder aus den Augen ihrer Untertanen, die sich beglückt fühlten, ihrer Herrin wieder einmal so nahe gewesen zu sein.

Eine weitere Attraktion war die im Grünen Schloß untergebrachte öffentlich benutzbare Bibliothek. Der Geheime Rat Greiner hatte Anna Amalia mit Erfolg auf die mögliche Verlegung der Herzoglichen Bibliothek in das Grüne Schloß hingewiesen, als Anna Amalia in der Wilhelmsburg Platz für andere Zwecke suchte. Daß die herzogliche Bibliothek nun von den Bürgern genutzt werden konnte, war eine Sensation in dieser Zeit und wurde allgemein bewundert.

Als letzte große Regierungsaufgabe, der Anna Amalia während ihrer Vormundschaftsregentschaft mit Eifer nachkam, sei ihre Verantwortung für die protestantische Kirche und das Erziehungssystem genannt. Als Oberhaupt der Kirche war die Fürstin nicht nur mit der Einhaltung und Überwachung der religiösen Vorschriften beauftragt, sondern hatte auch dem Schulwesen, einem Teil der Rechtspflege (Eheprozesse), den Beurkundungen des Personenstandes, dem Friedhofswesen, der Pflege der Waisenkinder und der Hospitäler vorzustehen.

Auch wenn Anna Amalia – die sich selbst als „*héré-tique*"[42] bezeichnete – vermutlich die kirchlichen Regeln lieber freier gehandhabt hätte, blieb ihr nur die strikte Einhaltung ihres Gelöbnisses übrig, mit dem sie auf dem Landtag von 1763 versprochen hatte, „*... in Religions-sachen nichts ändern, sondern einen Jeden bei der freien Ausübung der allein seligmachenden Evangelisch-Lutherischen Religion, wie solche in Gottes Wort gegrün-det, in der anno 1530 von denen Protestantischen Reichs-ständen übergebenen, ungeänderten Augspurgischen Konfession, denen Schmalkaldischen Artikeln und Christlichen Konkordienbuch wiederholet ist, allenthal-ben geruhig bleiben lassen und beschützen zu wollen*"[43].

Gemäß diesem Versprechen erwartete man beispiels-weise von ihr, daß sie katholische Gottesdienste, da sie verfassungswidrig waren, nicht gestatte. Eine diesbezüg-liche Bitte der Weimarer Stände konnte Anna Amalia nur unter Gesichtsverlust abschlagen. Sie schob deshalb eine Entscheidung vor sich her, denn sie war sich bewußt, daß, falls sie die wenigen männlichen Katholi-ken zum Gottesdienst nach Erfurt schickte, diese mögli-cherweise die Gelegenheit ergriffen, um vom Militär-dienst zu desertieren.

Noch weniger entsprachen die Kirchenbußen – wie sie bei Verfehlungen wie gotteslästerlichem Fluchen, Verachtung der Sakramente, mehr noch bei allen soge-nannten „fleischlichen" Vergehen wie Ehebruch, Blut-schande, unehelicher Geburt, vorehelichem Verkehr usw. gefordert wurden – ihrer wahren Überzeugung. Längst war sichtbar, daß diese Bußen nur für die Armen galten, während sich die Reichen durch Geld vom kirch-lichen Pranger loskaufen konnten. Doch das Weimarer Oberkonsistorium wies diesbezügliche Änderungsvorschläge empört zurück. Strenger und enger als die Landesherrin achtete man auf die gerade einhundert Jahre alten Regelungen.

Hauptaugenmerk Anna Amalias lag in ihrer Anfangszeit auch auf dem Weimarer Gymnasium, dem die Lehrerbildung angeschlossen war.

Das Gymnasium hatte seit längerem keinen guten Ruf mehr, und die Herzogin forderte die Lehrer wie die Geistlichen Weimars auf, den Klagen der Eltern über eine mangelhafte Unterrichtung ihrer Kinder nachzugehen. 1769 ließ sie den Jenaer Professor Jakob Danow eine Visitation der Anstalt vornehmen. Aus den Überlegungen dieser unterschiedlichen Gruppen gingen 1770 neue Schulgesetze hervor. Sie sahen beispielsweise vor, daß Fächer, die über das Verständnis der Schüler hinausgingen, nicht mehr gelehrt werden durften, daß stärker als bisher geschichtlich/erdkundlicher Unterricht und Sprachen angeboten und Französisch, Tanzen, Fechten und Musik als Unterrichtsveranstaltungen beibehalten werden sollten. Auch wurde vorübergehend eine Gruppe von Persönlichkeiten eingesetzt, die den Unterricht kontrollieren, Mitspracherecht bei Versetzungen erhalten und den Lehrern bei der Aufrechterhaltung der Zucht und Ordnung helfen sollten. Selbstverständlich wurde das Lehrpersonal ausgetauscht. Als neuer Lehrer wurde der erste aus der Reihe der Weimarer Dichter, Johann Carl August Musäeus (1735–1787) berufen, der mit seiner Sammlung „Volksmärchen der Deutschen" später literarischen Ruhm erwarb.

Anna Amalias Interesse an Schulangelegenheiten bewies sich auch bei der Einrichtung eines Stipendienfonds für das Gymnasium und einer Hilfskasse für die niederen Schulen, die sie aus Kammergeldern[44] unterhalten ließ. Auch verwandelte sie die Garnisonsschule in eine Freischule für die Armen.

Um die Universität Jena, die von allen ernestinischen Höfen, also auch von Coburg, Gotha und Meiningen mitunterhalten wurde, hat sich die junge Herzogin von Beginn ihrer Regentschaft an gekümmert. Gegen den Verfall Jenas – bedingt durch mangelnde Disputationen und Promotionen, zu ausgeprägte Vetternwirtschaft bei der Vergabe der Professorenstellen, unzureichende Besoldung des Lehrpersonals und zu hohe Lebenshaltungskosten für die Studenten – veranlaßte Anna Amalia eine Reihe von Maßnahmen, die sowohl der besseren materiellen Ausstattung der Universität, der Reform der Verwaltung im Sinne größerer Liberalität, der angemessenen Besoldung der Professoren und weitaus strengere Ordnungen für die Studenten vorsah.

Mit starkem persönlichen Engagement suchte Anna Amalia das Ansehen der Universität Jena wiederherzustellen, das diese in der Konkurrenz mit den Neugründungen Göttingen und Erlangen, aber auch durch die von Friedrich II. gegründeten Hochschulen verloren hatte.

Am Ende ihrer sechzehnjährigen Regierungszeit konnte Anna Amalia mit Genugtuung auf ihre Leistungen zurückschauen.

Der „Augiasstall", als den Graf Bünau den Weimarer Hof einst bezeichnet hatte, war längst ausgemistet. Mehr: die ernsthafte, fleißige und gewissenhafte junge Frau, der das Wohl Sachsen-Weimar-Eisenachs zu einer Lebensaufgabe geworden war, hatte die jeweils anstehenden Probleme mit Bravour gelöst. Sie hatte sich damit auch ihrer Familie und ihres großen Onkels,

Friedrich II., als würdig erwiesen. Die kleine, einst unscheinbare Prinzessin, die sich im Kreise ihrer schönen und begabten Geschwister, vor allem in der Konkurrenz zu ihrer Schwester Caroline, immer wie ein Aschenputtel vorgekommen war, hatte bewiesen, was in ihr steckte.

Die Urteile ihrer Zeitgenossen über ihre Regierungsarbeit waren meist zustimmend und lobend.

So schreibt der Statthalter von Erfurt, Karl Theodor Reichsfreiherr von Dalberg (1744–1817) am 18. September 1775 an den Grafen Görtz (1737–1821), Anna Amalia sei *„une bonne, une excellente femme qui veut sincèrement le bien du pays et de sa famille"* [45] und der Kaiserliche Gesandte Monmartin 1773 an den Reichsvizekanzler in Wien, Anna Amalia sei *„eine sehr kluge, mit vielen Talenten begabte Fürstin, die ihre Obervormundschaft zum Besten ihres Sohnes und dessen Lande mit ungemeiner Klugheit und Ökonomie geführt habe, sehr vortreffliche Einrichtungen mache und sich die allgemeine Wohlfahrt sorgfältig und rühmlich angelegen sein lasse"* [46].

Unübertroffen ist Goethes (1749–1832) Würdigung anläßlich ihres Todes am 10. April 1807. Hier heißt es: *„Ihre Regentschaft brachte dem Lande mannigfaltiges Glück, ja, das Unglück selbst gab Anlaß zu Verbesserungen. Wer dazu fähig war, nahm sie an. Gerechtigkeit, Staatswirtschaft, Polizei befestigten, entwickelten, bestätigten sich. Ein ganz anderer Geist war über Hof und Stadt gekommen."* [47]

Gesellschaftliches und kulturelles Leben

Sah Anna Amalia später auf die Zeit ihrer Vormundschaftsregentschaft zurück, konnte sie befriedigt feststellen, daß sich auch im gesellschaftlichen und kulturellen Leben ihrer Residenzstadt in diesen Jahren vieles
positiv verändert hatte.

Schon bald nach ihrem Regierungsantritt 1759 hatte
die junge Fürstin erkannt, wie kleinstädtisch und eng das
Leben in Weimar war.

Die Braunschweigerin, an den genußfrohen und aufgeschlossenen Hof ihrer Eltern gewöhnt, vermißte die
vielseitigen Anregungen, die dort zu ihrem Leben gehört
hatten. Nicht nur, daß es in Weimar keine ständigen
Theater-, Musik- und Operndarbietungen gab, es schien
sich dort auch niemand ernsthaft für Dichtung, Musik
und Schauspiel zu interessieren. Die Zeit, in der Johann
Sebastian Bach an der Hofkapelle gewirkt hatte, war
längst vorüber. Und seit Anna Amalia den Grafen Bünau
entlassen hatte, fand sie am Hof auch keinen über-
durchschnittlichen Ratgeber oder Gesprächspartner
mehr. Selbst die Professoren aus Jena und erst recht die
Gymnasiallehrer aus Weimar waren Mittelmaß.

In diese verschlafene Residenz brachte die junge Herzogin mit ihrer offenen menschlichen Art und ihren breit
angelegten geistigen Interessen wieder frischen Wind.

Ungefähr ein Jahr nach ihrem Regierungsantritt versuchte Anna Amalia zunächst einmal, das gesellschaftliche Leben zu aktivieren. Sie war eine junge Person und
tanzte gern und gut. Also ließ sie wieder Bälle und Re-
douten[48] ausrichten. Hierbei suchte sie die Gelegenheit,
mit jungen Leuten ihres Alters in Verbindung zu treten.
Über den Ablauf eines solchen Balles heißt es:

„Sobald die Herzogin erschien, traten unter Trompeten und Pauken die Zutrittsdamen, dann die übrigen näher und wurden zum Rockkuß zugelassen. Darauf tanzte die Herzogin mit einem distinguierten Fremden oder Kavalier ganz allein Menuett; dann erst durften die übrigen folgen... In der Regel waren englische Tänze, namentlich der schottische Tri üblich; erst später kamen dann die sogenannten Allemagnes, Vauxhalls und rascher Walzer auf. Die Hofbälle endeten am späten Morgen, nachdem man an getrennten Tafeln, den Hof- und Marschallstafeln, gespeist hatte.“*49*

Eine nicht für alle Beteiligten glückliche Beigabe dieser Festlichkeiten war die Möglichkeit des Kartenspiels, zu dem Anna Amalia immer gern bereit war. Mancher junge Glücksritter wanderte am nächsten Morgen verschuldet zu einem der beiden jüdischen Bankiers, Uhlmann oder Elkan, die sich mit Anna Amalias Erlaubnis in Weimar niedergelassen hatten und nun aushalfen.

Weitere gesellschaftliche Vergnügungen, die Anna Amalia wiederbelebte, waren im Winter die Schlittenpartien und im Frühling, Sommer und Herbst die Spaziergänge und Ausritte. Hierzu heißt es:

„Auch die Hof-Schlittenfahrten hatten ihre Eigentümlichkeiten. Die Schlitten stellten buntfarbige Muscheln, Schwäne, Meerzungen und Seefische dar. Sie waren meist zweispännig und nur für eine prächtig geschmückte Dame berechnet, die ein Kavalier fuhr, welcher von dem hintern Sitz des Schlittens die reich behangenen Pferde leitete. Zwischen jedem Schlitten ritten je nach dem Range der folgenden Dame zwei bis vier Reiter, vor dem vornehmsten überdies noch sogenannte Stangenreiter, um etwaige Schäden sofort auszubessern.

Auch Heiducken und Läufer fehlten nicht, die mit Peit-
schenknall die Luft in Bewegung setzten."

Und weiter wird berichtet:

„An Sonn- und Feiertagen erschien die Herzogin in
der Esplanade, wo sich auch die Hofkreise auf Befehl ein-
fanden. Voraus ging der Herzogin der Oberhofmar-
schall; ihr folgte ein Page, der die Schleppe trug; dann
kam die übrige Hofdienerschaft samt Pagen, Läufern
und Heiducken; auch ein Zwerg war unter ihnen sicht-
bar. Ganz Weimar eilte dahin; es mochte die Fürstin, die
sich der Menge nicht sehr oft in großer Nähe zeigte, gern
sehen. Amalia war sehr beliebt, aber doch war im Volk
eher ein scheues Rückweichen, als ein Sichaufdrängen
bemerkbar. Sehr oft weilte sie am Bassin, dessen Gold-
fischchen sie fütterte.

Ritt die Herzogin, so folgte ihr ein größerer Zug. Auf
dem großen, starken, weißen Pferd nahm sich ihre zierli-
che Figur besonders gut aus, zumal sie auf einem deut-
schen Sattel ritt, denn englische waren noch nicht im
Gebrauch. Sehr gern nahm man die Gelegenheit wahr,
den kleinen Fuß der Herzogin zu bewundern..."[50]

Bei allen diesen Vergnügungen achtete Anna Amalia – ganz Rokokofürstin – streng auf Rang und Zere-
moniell.

Alles in allem änderten diese gesellschaftlichen Vergnügungen noch wenig an den schwerfälligen Formen
des höfischen Lebens in Weimar. Doch gaben sie der jungen Herzogin Gelegenheit, persönliche Verbindungen
zu der Hofgesellschaft herzustellen, sie für ihre Zerstreuungen zu gewinnen und eventuell für gleiche Interessen zu begeistern. Eine erste Auflockerung der verkru-
steten Weimarer Gesellschaft war damit eingeleitet.

1764 führte die Gründung einer Freimaurerloge, die den Namen Anna Amalias trug, zu einer weiteren gesellschaftlichen Veränderung in der Residenz.

Die Gedanken der edlen Menschlichkeit, der natürlichen Ethik, des Weltbürgertums, die in diesen Männergesellschaften gepflegt wurden, fanden die Zustimmung der jungen Fürstin. Sie war um so interessierter, als auch Angehörige ihrer eigenen Familie, ihr aus dem Siebenjährigen Krieg berühmter Onkel Ferdinand als einfaches Mitglied, ihr Bruder Carl Wilhelm Ferdinand (1735–1806) als Oberaufseher der Logen in Norddeutschland, aber auch ihr langjähriges Consiliumsmitglied Freiherr von Fritsch als Weimarer Meister vom Stuhl dort aktiv waren. Die Weimarer Herrengesellschaft gewann durch die Freimaurerei einen kräftigen internationalen Impuls, der auch die Gutsbesitzer vom Lande und die Honoratioren aus der Nachbarschaft erreichte.

Es wäre übertrieben, wollte man für die ersten zehn Jahre der Vormundschaftsregentschaft Anna Amalias von einem literarischen oder künstlerischen Leben in Weimar sprechen. Zu Beginn dieser Zeit erschöpfte sich das literarische Leben in einigen Huldigungsversuchen zu Ehren der jugendlichen Herzogin, in Darbietungen an den Geburtstagen der durchlauchtigsten Regentin und ihrer Söhne, auch in Kantaten, Deklamationen usw. – meist von Schülern und Lehrern des Weimarer Gymnasiums verfaßt und vorgetragen.

Erst nachdem Anna Amalia eine Umgestaltung des Gymnasiums vorgenommen und neue Lehrkräfte berufen hatte, kündigte sich dort allmählich ein Wandel an. Mit dem Pfarramtskandidaten Johann Carl August Musäus aus Eisenach, der das Hofmeisteramt an der Pagenschule übernommen hatte und später Gymnasialprofessor wurde, trat der erste Literat in das Leben Weimars ein. Musäus, erfolgreich als Herausgeber der deutschen Volksmärchen, dichtete kleinere Stücke für die fürstliche Bühne. Für den Hausgebrauch der Weimarer verfaßte er auch Hochzeitsgedichte, Trauergesänge und dergleichen. Vor allem aber ermunterte er die Jugend zum unbefangenen Umgang mit Dichtung, zu Lesungen, Rezitationen, aber auch zu eigenen Gedichten.

Die für das Ansehen Weimars entscheidende Initiative Anna Amalias aber war die Berufung Wielands (1733–1813) 1772 als Erzieher für Carl August und Constantin. Von diesem Augenblick an wurde Weimar zum Kunst- und Musenhof schlechthin, zum Anziehungspunkt für die literarisch interessierte Welt. Kein Dichter von Rang dieser Epoche, der sich nicht vorübergehend oder für immer dort niedergelassen hätte. Es ist Anna Amalias Verdienst, diese Entwicklung angeregt zu haben.

Die musikalisch begabte Anna Amalia war als Kind in Braunschweig von dem Organisten Fleischer unterrichtet worden, der ihre Liebe zur Musik geweckt hatte. Während ihrer Vormundschaftsregentschaft sorgte nun die Fürstin dafür, daß Weimar wieder ein Orchester bekam. Zunächst holte sie den Kapellmeister Johann Bach, einen entfernten Verwandten des großen Johann Sebastian. Später faßten der aus Gotha stammende Hofkapellmeister Ernst Wilhelm Wolf und seine Frau, Sängerin und Tochter des Berliner Hofkapellmeisters Benda, in Weimar Fuß. Beide wußten Anna Amalias Gunst zu gewinnen und stellten dem Publikum eigene Werke wie Klavierkonzerte, Soli für Bläser, Symphonien und Kinderstücke vor. Wolf wurde auch die musikalische Erziehung der Prinzen anvertraut.

Am braunschweigischen Hof hatte man vor allem die italienische Oper gepflegt. Aus ihrer Jugendzeit bewahrte sich Anna Amalia eine Vorliebe für italienische Musik, von der sie während ihrer Italienreise 1788–1790 zahlreiche unbekannte Partituren mitbrachte. Nicht zu vergessen ist auch, daß Anna Amalia auch Sängerinnen und Tonkünstler aus Italien an ihren Hof band.

Doch nicht nur als Musikliebhaberin und Sammlerin tat sich Anna Amalia später hervor, sie wurde auch selbst aktiv und verfaßte Kompositionen und musiktheoretische Abhandlungen. Durch Anna Amalias Liebe zur Musik gewann der Weimarer Hof vergangene Qualitäten zurück. Während unter ihrem Schwiegervater Ernst August nur Trommeln und Trompeten das musikalische Geschehen am Hof bestimmt hatten, erklang nun wieder ein wirkliches Orchester.

Anna Amalia aber diente die Musik nicht nur zur höfischen Zerstreuung. Sie war vielmehr der Meinung, daß die Musik eine Kraft sei, die dem Menschen die Sehnsucht nach dem Vollkommenen vermittle und Widerwillen gegen das Schlechte einflöße. Durch Musik, meinte Anna Amalia, entstünde, was man den „Großen Geschmack" nenne, der auf den sittlichen Charakter des Menschen fördernden Einfluß habe.

Nicht weniger ausgeprägt und das Weimarer Hofleben bereichernd war Anna Amalias Freude am Schauspiel. Gemeinsam mit ihrem Mann hatte sie zu Beginn ihrer Ehe die Döbbelinsche Schauspieltruppe nach Weimar berufen. Nach dem Tod des jungen Herzogs dauerte es mehrere Jahre, bis wieder eine Truppe, die Christian Starckes und seiner Frau, im Reithaus an der Ilm ihre Bühne eröffnete. Zum achtundzwanzigsten Geburtstag Anna Amalias gaben die Starckes ein festliches Schäferspiel, zwei Ballette und Voltaires „Zaire". Bei späteren Gelegenheiten führten sie auch Lessings „Minna von Barnhelm" und Klopstocks „Tod des Adam" auf. Von September 1768 bis März 1771 spielten im Schloß dann die Truppen des Direktors Koch und anschließend bis 1774 die Seylers.

Anna Amalia sah im Schauspiel immer auch ein Mittel zur Volkserziehung. Dreimal wöchentlich überließ sie deshalb einen großen Teil der Plätze des Theaters unentgeltlich den Bürgern. Wie ernst die Fürstin das Schauspiel nahm, läßt sich auch daraus ersehen, daß sie oftmals Aufführungen mit ihren Kammer- oder Schatullengeldern subventionierte. Auch beriet sie die jeweiligen Direktoren bei der Wahl der Stücke und erschien zu den Proben. Sie selbst besaß eine Komödiensammlung von etwa zweitausend Stücken vom Mittelalter bis zur Neuzeit.

Zur Zeit ihrer Vormundschaftsregentschaft war Anna Amalia noch ganz dem Rokokogeschmack verhaftet. Singspiele, Ballette, Komödien – das war es, was sie liebte und bevorzugte. Der Schauspieldirektor Koch, aber auch der Kapellmeister Wolf kamen ihr mit ihren Darstellungen entgegen, indem sie sentimentale und dramatische Stücke aufführten und dabei möglichst einen Zusammenhang zu der Lebenssituation der fürstlichen Familie suchten.

Andererseits ist es Anna Amalias Drängen zu verdanken, daß der bei der Seylerschen Truppe angestellte Musiker Schweizer Wieland dazu anregte, die „Alceste" zu schreiben und damit das erste deutsche Opernlibretto überhaupt.

Die ständige Berührung mit der Schauspielkunst brachte bereits im Weimar der Vormundschaftsregentschafts Anna Amalias als Nebenprodukt einen außerge-

1. Herzog Carl I. und Herzogin Philippine-Charlotte von Braunschweig-Wolfenbüttel, die Eltern Anna Amalias, um 1750

2. Die Familie Herzog Carls I., 1745. Dritte von links: Anna Amalia

3. Anna Amalia
von Sachsen-
Weimar-
Eisenach, um
1756

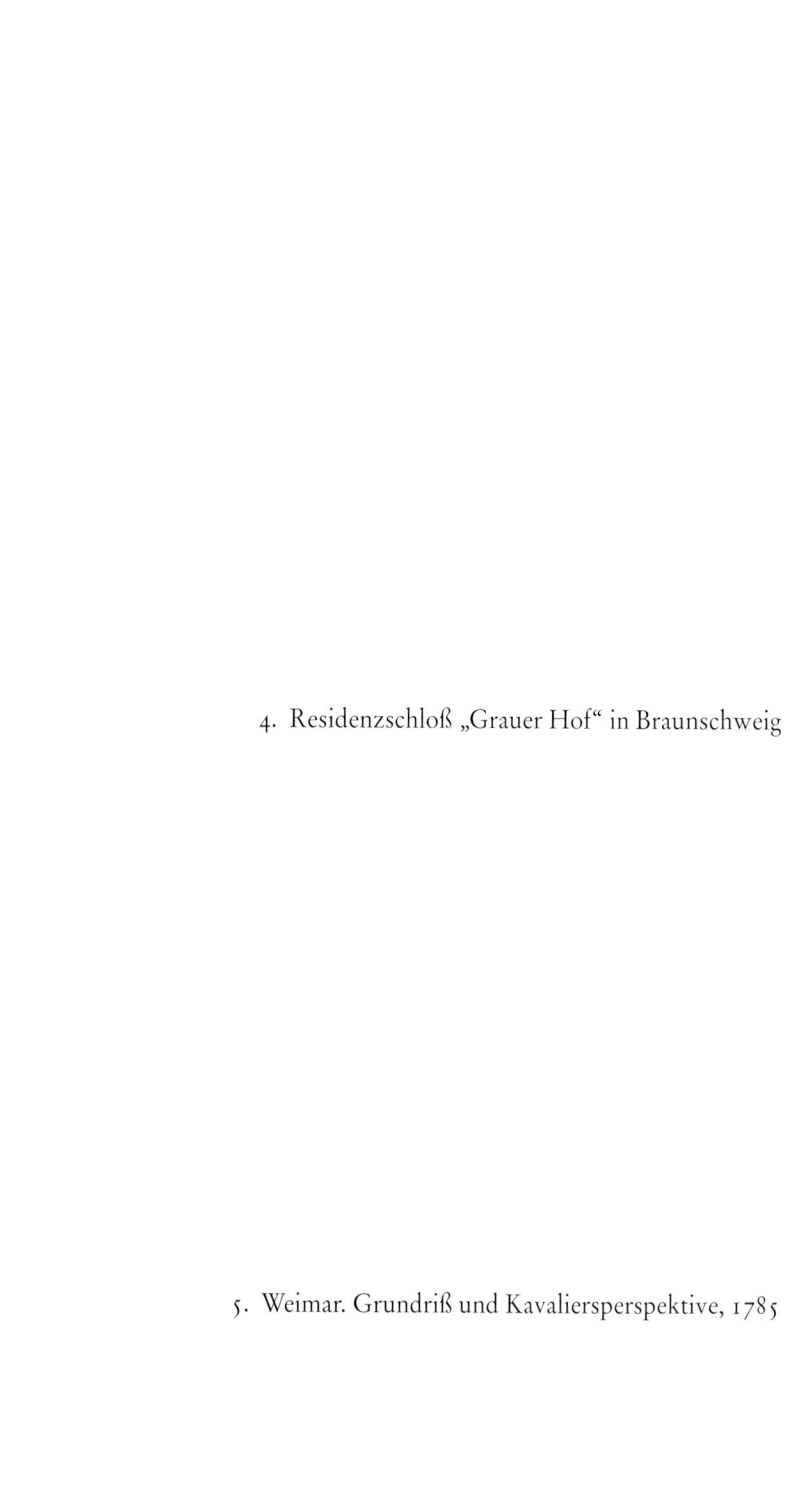

4. Residenzschloß „Grauer Hof" in Braunschweig

5. Weimar. Grundriß und Kavaliersperspektive, 1785

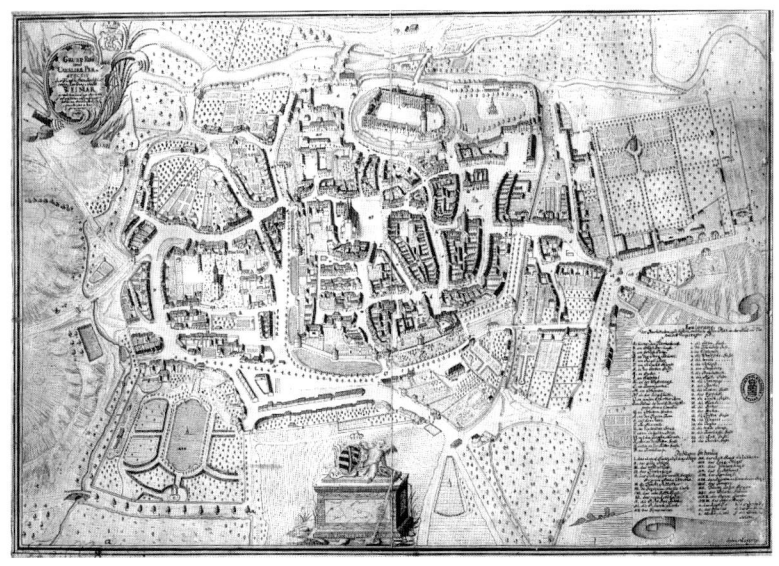

6. Schloß Wilhelmsburg vor dem Brand von 1774

7. Schloß Belvedere, Sommersitz des Weimarer Fürsten-
hauses

8. Wittumspalais, Witwensitz Anna Amalias

9. Schloß Tiefurt, Sommerresidenz Anna Amalias 1781–1807

10. „Schloß zu Ettersburg", Sommersitz 1776–1780 (Radierung von Anna
    Amalia)

11. Anna Amalia, um 1768–1771 (von J.G. Ziesenis)

12. Ernst August Constantin von Sachsen-Weimar-Eisenach, vor 1755

13. Prinz Carl August von Sachsen-Weimar-Eisenach, um 1768–1771
(von J.G. Ziesenis)

14. Prinz Constantin von Sachsen-Weimar-Eisenach, um 1768–1771 (von J.G. Ziesenis)

Le Comte de Görtz
Premier Ministre Plénipotentiaire du Roi
de Prusse, au congrès de Rastadt,
en 1797, 1798 et 1799.

A Bâle, chez J. Decker, Libraire.

15. Johann Eustachius Graf von Görtz, Prinzenerzieher
am Weimarer Hof

16. Johann Poppo von Greiner, Geheimer Rat und Vertrauter Anna Amalias

17. Carl Theodor Anton Maria Reichsfreiherr von Dalberg, kurmainzischer Statthalter in Erfurt und
freundschaftlich mit dem Hof zu Weimar verbunden

18. Friedrich
Jakob Freiherr
von Fritsch,
Geheimer Rat,
langjähriges
Consiliums-
mitglied und
Ratgeber
Anna Amalias

wöhnlichen Aufschwung dilettantischer Schriftstellerei mit sich. Zahlreiche jüngere und ältere Mitglieder der Hofgesellschaft versuchten sich in mehr oder minder brauchbaren dramatischen Entwürfen. Alles in allem gewann die Schauspielkunst schon zu dieser Zeit einen bereichernden Einfluß auf das gesellschaftliche Leben Weimars. Zu den Theateraufführungen kamen bereits Besucher aus den benachbarten Fürstentümern, und man rühmte an den anderen Höfen das Weimarer Kulturgeschehen.

Anna Amalias Theaterleidenschaft war also mitentscheidend für den sich festigenden Ruf, ihr Hof sei der geeignetste in Deutschland, künstlerischem Engagement freie Entfaltungsmöglichkeiten zu bieten.

Von Kindheitstagen an war für Anna Amalia das Hofleben eng mit künstlerischem Geschehen, mit Lebensfreude und geistigen Ereignissen verbunden. Mit dieser Einstellung und ihrer jugendlichen Begeisterungsfähigkeit hat die Herzogin schon während ihrer Vormundschaftsregentschaft Bedingungen für die spätere Bedeutung Weimars als Musenstadt geschaffen.

Erziehung der Söhne Carl August und Constantin

„Ein liebendes Herz war es, was ich von dir, o Schöpfer, erhielte. Dieses, nach deinem Bilde geschaffen, sollte hier mein Glück ausmachen; aber dies teure Geschenk ist es eben, was meine Ruhe verstöret. Jeder Tag, jede Stunde ist mit Schmerz und Kummer angefüllet. Bald sorget das zärtliche Mutterherz um das Wohl ihrer Kinder; bald hat es mit Neid, Tücke und Arglist zu kämpfen; bald hat es nötig, der eigenen warmen Empfindung Einhalt zu tun...“[51]

Diesem Wechselbad der Gefühle scheint die zur Zeit der Niederschrift dreiunddreißigjährige Fürstin nicht nur für Momente ausgesetzt gewesen zu sein, sondern vielmehr über längere Zeit. Enttäuschung zeigt sich ebenso wie Angst und der Gedanke, der übernommenen Aufgabe vielleicht doch nicht gewachsen zu sein.

Nicht oft sind aus dem taten- und ereignisreichen Leben Anna Amalias solch triste Passagen überliefert. Meist gibt sich die Herzogin diszipliniert, pflichtbewußt, oft auch „couleur de rose", also gut gelaunt. Dennoch wußten die Hofgesellschaft, das Geheime Consilium, die Dienerschaft von Tagen zu berichten, an denen Anna Amalia ihre Contenance verlor und in Schweigen, Grübeleien, schlechter Laune versank.

Generell aber galt die junge Frau ihren Landsleuten als zupackend, spontan und lebensbejahend. Diese Eigenschaften hatte sie auch nötig, nicht nur zum Regieren ihres kleinen Fürstentums, sondern auch bei der Erziehung ihrer beiden Söhne.

Die beiden Prinzen – der 1757 geborene Carl August und der 1758 geborene Constantin – waren von ganz unterschiedlichem Naturell. Während Carl August mit rascher Auffassungsgabe, blendendem Gedächtnis und starker Willenskraft ausgezeichnet war, aber anmaßend, aufbrausend, stolz bis hart sein konnte und, wie seine Mutter bedauerte, auch ihr gegenüber gelegentlich verschlossen und gefühlskalt blieb, war Constantin zwar eigenbrötlerisch, unaufmerksam und langsam, doch auch nachgiebig, anschmiegsam und liebenswürdig. Da man nicht annahm, daß er je eine bedeutende Rolle im Staate spielen würde, forderte man auch weniger von ihm.

Kinderbilder der beiden, die im Wittumspalais auch heute noch in Anna Amalias Schlafzimmer hängen, zeigen Carl August mit der Miene eines selbstbewußten Pfiffikus, der trotzig in die Welt schaut, und Constantin mit verträumten, unbestimmtem Blick, seinem verstorbenen Vater ähnelnd.

Diese beiden Kinder waren der eigentliche Lebensinhalt Anna Amalias. Carl August und Constantin zu verantwortungsbewußten und aufgeschlossenen, tatkräftigen Erwachsenen zu erziehen, darin sah sie ihr Lebensziel.

Wäre Anna Amalia sich nicht immer bewußt gewesen, die zukünftigen Herrscher des Fürstentums heranzubilden, hätte sie diese Aufgabe sicher gelassener angegangen. So aber empfand sie ständig hohen Verantwortungsdruck. Sie wollte ihre Söhne so umfassend, so gründlich und ernsthaft wie möglich auf diese Aufgabe vorbereiten. Ihre Kinder sollten zu Fürsten erzogen werden, die ihre Untertanen nach hohen moralischen Grundsätzen regierten und damit zum Glück und Wohl der ihnen anvertrauten Menschen beitrugen.

Niemals allerdings bestimmte Anna Amalia allein die Erziehungsmaßnahmen für Carl August und Constantin. In allen entscheidenden Fragen beriet sie sich mit ihrem Vater, ihrem eigenen einstigen Erzieher, dem Abt Jerusalem, und in Weimar mit den Mitgliedern des Geheimen Consiliums.

Alle erzieherischen Maßnahmen unterlagen einem langen Reifungsprozeß, denn sowohl die Leitlinien der Erziehung als auch die Wahl der Erzieher und die Erfolge und Mißerfolge des Erziehungsprozesses bedurften der Diskussion und der Billigung der Ratgeber.

Kurz vor seinem Tod im Mai 1758 hatte Ernst August Constantin noch festgelegt, wie er sich die Erziehung des

Erbprinzens dachte. Demzufolge hatte dieser die ersten vier Lebensjahre in der Obhut von Frauen zuzubringen. Von da ab bis zu seiner Volljährigkeit sollte ein Hofmeister verantwortlich sein.

Entsprechend den Gepflogenheiten der Zeit stellte der Hofmeister die grundsätzlichen Erziehungsregeln auf, kümmerte sich um die rechten Lehrkräfte, überwachte die Ausbildung und teilte das Leben seines Zöglings. Zur regelmäßigen schriftlichen Berichterstattung über dessen charakterliche und wissenschaftliche Entwicklung war er verpflichtet. Dennoch – so sah es der letzte Wille des verstorbenen Herzogs vor – sollte in allen Fragen auch hier Anna Amalia die letzte Entscheidung haben.

Wie bei den meisten sie bewegenden Problemen wandte sich Anna Amalia schon während der Zeit, als die beiden Prinzen noch von ihrer Kammerfrau Amalia Dorothea Kotzebue und der Hofdame Fräulein von Quernheim unterwiesen wurden, an ihren Vater mit der Bitte, sie bei der Suche nach einem tüchtigen Hofmeister zu unterstützen.

Carl I. empfahl ihr bereits 1760 als „un meuble très utile" den damals etwas über vierzig Jahre alten Theologen Johann Wilhelm Seidler, der am braunschweigischen Carolineum unterrichtete und nebenbei Redakteur der „Gelehrten Beyträge" der Braunschweigischen Nachrichten war. Ab 1761 trat er in Weimarer Dienste und übernahm die Unterweisung der kleinen Prinzen.

Seidler war Pietist. Eine ausgeprägte religiöse Grundhaltung bestimmte sein Auftreten. Als Lehrer, der auf spielerische Weise seine beiden Schüler zu unterrichten suchte, erwies er sich als sehr begabt. Falsch aber schien Anna Amalia, daß er dem Erbprinzen zu sehr nachgab, sich geradezu von ihm bestimmen ließ. Darüber hinaus empfand sie es als höchst störend, daß Seidler Carl August bereits in diesem frühen Alter beständig auf seine herausragende zukünftige Stellung hinwies, was dem von Natur aus sehr selbstbewußten Jungen nicht bekam.

Binnen kurzer Zeit sah sich Anna Amalia deshalb bereits nach einer stärkeren und weniger vom Glanz des Hofes geblendeten Persönlichkeit um. Sie wollte ihre Kinder so normal wie möglich aufwachsen sehen. Vor allem haßte sie alle Schmeichler und lebte in einer fast krankhaft zu nennenden Furcht, sich nicht ehrlich auf ihre Umgebung verlassen zu können und nicht um ihrer Person, sondern ihrer Stellung wegen geachtet und geliebt zu werden.

Nach gründlicher Suche stieß sie auf den damals vierundzwanzigjährigen Grafen Johann Eustachius von Schlitz, genannt Görtz. Graf Görtz, aus hessischem Adelsgeschlecht stammend, hatte sich ihr durch seine kosmopolitische Erziehung – er hatte in Leyden, Den Haag, Straßburg Jura studiert –, durch seine Gewandtheit im Umgang mit Diplomaten und Hofleuten, seine streng christlichen Überzeugungen und seine Humanität empfohlen. Außerdem mag es Anna Amalia gefallen haben, daß er ehemaliger Schüler des Carolineums war und nach einigen Umwegen seit 1758 in Weimarer Diensten stand. Es gelang Anna Amalia, sowohl ihre Braunschweiger als auch ihre Weimarer Ratgeber von der Richtigkeit ihrer Entscheidung zu überzeugen. Am 27. April 1762 wurde Graf Görtz zum Prinzenerzieher ernannt.

In den folgenden vierzehn Jahren erwies sich der Graf dieser Aufgabe als glänzend gewachsen. Mit einer Mischung aus Strenge und Milde wußte er vor allem den

Erbprinzen hervorragend zu lenken. Jedenfalls erfreute er sich dessen ungeteilten Vertrauens bis in die Regierungszeit seines Zöglings hinein.

Schwierig gestaltete sich jedoch schon nach kurzer Zeit das Verhältnis zu Anna Amalia. Hatte diese in ihrem Empfehlungsschreiben an das Geheime Consilium am 4. Mai 1761 noch über Görtz geurteilt: „... *Er ist weder frech, noch anmaßend, sondern bescheiden und demütig, vielleicht ein wenig schüchtern. Er ist weder ränkevoll, noch menschenfeindlich, aber willfährig und diensteifrig*"[52], so verkehrte sich ihre gute Meinung bald ins Gegenteil. Schnell, meist allzu schnell wurde Anna Amalia von Mißtrauen und Eifersucht geplagt.

Von Regierungsgeschäften beansprucht, blieb Anna Amalia täglich nicht mehr als ein und eine halbe Stunde Zeit, sich um ihre Kinder zu kümmern. Dabei mußte sie feststellen, wie intensiv der fremde Einfluß wirkte und wie sehr ihre Söhne, obwohl beide ihre Mutter sehr liebten und ein zärtlicher Umgangston zwischen den dreien herrschte, sich von ihr entfernten und Görtz zuwandten. Für die letztlich einsame junge Frau war dies eine schmerzliche Erfahrung.

Wie es üblich war, hatte Anna Amalia für die Prinzen und den Grafen Görtz in der Wilhelmsburg besondere Räume herrichten lassen. Weilte der Hof zur Sommerzeit auf Schloß Belvedere, so wurde dort einer der Pavillons zur Benutzung ausgestattet. Da für die kleinen Prinzen eine selbständige Hofhaltung geschaffen worden war – sie besaßen ihre persönliche Dienerschaft und einen eigenen Koch –, konnte Graf Görtz seinem Erziehungswerk ungehindert nachkommen.

Auch wenn das Geheime Consil die Beschlüsse prinzipieller Art vorgab, auch wenn Anna Amalia Entscheidungsgewalt hatte, war doch Graf Görtz letztlich der maßgebliche Erzieher, schon deshalb, weil er sich stets in der Nähe der Kinder befand und deren Tagesablauf nach seinen Angaben einrichtete.

Graf Görtz wertete seine Aufgabe als eine große Herausforderung. Es reizte ihn, auf diese Weise dem Land zu dienen. Man darf aber auch vermuten, daß ihn die Aussicht, den zukünftigen Herren des Fürstentums zu bilden und damit persönlichen Einfluß zu erringen, nicht gleichgültig ließ.

Seine schriftlich festgehaltenen Grundsätze beweisen, daß er den Erbprinzen und seinen Bruder zu sittlich hochstehenden, verantwortungsbewußten Menschen erziehen wollte. Nach seiner Überzeugung hatte ein Landesfürst seine Regierungsgewalt nach idealistischen Grundideen auszurichten. Für Görtz war das Regententum religiös verankert; der Regent war Gott verantwortlich. In diesem Sinne hatte der spätabsolutistische Herrscher seine Regierungsaufgabe in Gottesfurcht, Pflichteifer und Achtung vor dem Gesetz wahrzunehmen.

Täglich machte sich Graf Görtz über das Verhalten und die Entwicklung seiner beiden Zöglinge Notizen, die er immer wieder Anna Amalia und dem Geheimen Consil zur Einsicht überreichte. Täglich forderte er aber auch die beiden kleinen Prinzen auf, vor dem Schlafengehen eine Rückschau auf die Tagesereignisse anzustellen und ihr eigenes Verhalten zu überprüfen. Für Kinder dieses frühen Alters war dies eine schwierige Aufgabe! Gerade von Carl August erwartete Graf Görtz besondere Selbstbeobachtung. Natürlich suchte sich der Erbprinz vor dieser unangenehmen Aufgabe zu drücken. Schließlich griff Anna Amalia ein. Beraten von dem

Geheimen Consilium, meinte sie, man dürfe ihren kleinen Sohn, der von sich aus zur Verstellung neige, nicht allzuviel Wahrheitsliebe abverlangen und dadurch ängstigen, sonst werde er erst recht Mittel und Wege finden, seine Gedanken und Taten zu verbergen.

Doch nicht nur in den moralisch-geistigen Bereichen richteten sich die fürstlichen Kinder nach ihrem Hofmeister. Sie wurden von ihm auch auf das höfische Leben vorbereitet. So saßen an ihrem Mittagstisch nicht nur ihre Lehrer, sondern auch Durchreisende vom Stande oder Mitglieder des Geheimen Consiliums. Anna Amalia wünschte, daß die Prinzen den Umgang mit den Erwachsenen lernten und von Graf Görtz auf die öffentlichen Auftritte vorbereitet würden. Bei Bällen, Theateraufführungen oder auch den Landtagen von 1763 und 1768 traten sie an der Seite ihrer Mutter auf. Der damals erst fünfjährige Carl August hielt beispielsweise auf dem Landtag von 1763 eine kleine Ansprache.

Eine unbeschwerte Kindheit war das nicht!

Anna Amalias Hauptaugenmerk aber richtete sich darauf, ihre Söhne vor Schmeichlern und Lügnern zu bewahren. Sie bat deshalb darum, von ihren Kindern alles fernzuhalten, was vor allem den aufmerksam registrierenden Carl August auf seine spätere hohe Stellung hinweisen könne. Oftmals waren diese Bitten vergeblich. Immer wieder triumphierte der unterwürfige Stil der Zeit, überhäuften die Untergebenen die Kinder mit Komplimenten.

Vor nichts aber hatte Anna Amalia tiefere Abscheu als vor dem falschen Hofwesen, das einen Fürsten selten wahre und ehrliche Freunde finden ließ. Überängstlich und übereifrig versuchte sie daher, ihre Kinder vor den Verlogenheiten des Hofes zu schützen. Daß sie ihre

Söhne immer nur kurze Zeit beobachten konnte und sie auch Görtz mißtrauisch gegenüberstand, bereitete ihr manch qualvolle Stunde.

Nicht weniger gründlich als die sittlich-moralische und höfische Unterweisung war die wissenschaftliche Ausbildung der beiden Prinzen. Entsprechend ihrem Alter und ihrer geistigen Entwicklung lassen sich drei große Schritte erkennen, die jeweils von den drei Haupterziehern, Seidler, Görtz und später auch Wieland, geprägt waren und von zahlreich hinzukommenden Pädagogen des Weimarer Gymnasiums oder der Universität Jena ergänzt wurden. Alle diese Erziehungsvorgänge wurden mit Anna Amalia überlegt und bis ins einzelne festgelegt.

Die Prinzen wurden nie geschont. Von früh bis spät war ihr Tag durch Unterweisungen bestimmt. Spiel und Sport gab es selten, ebensowenig den Umgang mit Gleichaltrigen.

Am Anfang, so hatten Anna Amalia, das Geheime Consilium und der Hofmeister entschieden, bestand der Unterricht aus den Fächern Religion, Lesen und Schreiben. Im Zeichnen, Tanzen, in gesellschaftlichem Anstand wurden die beiden Kinder gemeinsam unterwiesen. Allerdings erhielt der Erbherzog Klavier- und Cellounterricht, Prinz Constantin dagegen Klavier- und Violinunterricht. Sport fehlte in diesem Unterrichtsplan, will man die Spaziergänge, Ausflüge, Wagen- und Schlittenfahrten mit der Mutter und deren Gesellschaft nicht als sportliche Tätigkeiten bezeichnen. Erst um 1768 begannen die Prinzen mit dem Fechtunterricht, 1771 lernten sie reiten. Beide Sportarten begeisterten die Jungen.

Schon 1763 bat Graf Görtz Anna Amalia darum, die Knaben auch in Geschichte und Geographie unterwei-

sen zu lassen; 1765 kamen die Fächer Latein, Französisch, Mathematik und Physik hinzu.

In Anbetracht des Altersunterschiedes, mehr jedoch
mit Rücksicht auf die divergierenden Begabungen der
beiden Brüder, ordnete Graf Görtz in Rücksprache mit
dem Geheimen Consilium und Anna Amalia an, daß ab
dem zehnten Lebensjahr der Erbprinz in den Haupt-
fächern von seinem Bruder getrennt und nur noch in
Zeichnen, Tanzen und Französisch eine gemeinsame
Unterweisung vorgenommen werden solle. Graf Görtz
übernahm nun persönlich den Französischunterricht.
Den Anfang bildeten die La Fontaineschen Fabeln. Bald
meldete der stolze Lehrer der jungen Mutter, daß Carl
August die zehn Gebote in Französisch aufsagen könne.
Nach einem Jahr mußte allerdings Graf Görtz die
Unterweisung abgeben. Ohne Görtz vorher zu unterrichten, hatte Anna Amalia den Sprachmeister Claude
Dumanoir zum Unterricht herangezogen. Kein Wunder,
daß Görtz verärgert war! Mit Anna Amalia war durchaus nicht immer gut Kirschen essen, vor allem nicht,
wenn es um ihre Kinder ging.

Mit Fug und Recht kann man behaupten, daß die
Unterrichtsstoffe und -methoden, denen die beiden
Knaben in der mittleren Phase ihrer Unterweisung ausgesetzt waren, über ihr geistiges Fassungsvermögen hinausgingen. Das war zwar allgemein und vor allem bei
Prinzenerziehung so üblich, hier erlebten diese Über-
steigerungen aber wahre Höhepunkte. So mußte beispielsweise der Erbprinz im Alter von acht Jahren sich
mit Molières Komödien oder einer Nachbildung des
Don Quichote durch Le Sage befassen. Nicht minder
unkindlich war im Fach Religion das Auswendiglernen
der chronologischen Tabellen des Jesuiten Labbé, die

einen Abriß der Profan- und Sakralgeschichten dar-
boten.

Geschichte war Carl Augusts Lieblingsfach. Sehr
zum Entzücken seiner Mutter soll er als fünfjähriger
Knirps bei einer Abendgesellschaft, als man über die
historische Größe seines Großonkels Friedrich II.
sprach, geäußert haben, er halte Julius Caesar dann doch
für bedeutender.

Als Anna Amalia mit ihren beiden Söhnen und einer
Equipe von vierzig Personen im Mai 1771 ihre Heimat-
stadt Braunschweig nach fünfzehn Jahren Abwesenheit
zum ersten Mal wiedersah, traf sie auch mit dem von ihr
hochverehrten Onkel Friedrich II. auf dem Sommersitz
Schloß Salzdahlum zusammen.

Über den damals vierzehnjährigen Carl August soll
Friedrich der Große geäußert haben, daß er noch nie
einen jungen Menschen dieses Alters gesehen habe, der
zu so großen Hoffnungen berechtigte.

Es war dies die Zeit, in der Graf Görtz darauf drängte, die beiden Prinzen mit der Geschichte des eigenen
Landes vertraut zu machen. Er forderte Anna Amalia
auf, sie möge seinem Vorschlag für die letzte Phase der
Unterweisung des Erbprinzen zustimmen, bei der das
Hauptgewicht auf juristischen Kenntnissen im Sächsischen Staatsrecht, in Natur- und Völkerrecht und auf
einer vertieften Geschichtsbetrachtung liege. Merk-
würdigerweise verschloß sich Anna Amalia allen diesen
Überlegungen und ließ den Unterricht in den einmal
eingeschlagenen Bahnen weiterlaufen.

Graf Görtz jedoch sah den Regierungsantritt seines
Zöglings näherrücken und schlug Anna Amalia wieder-
holt Erziehungspläne für die letzten drei Jahre der

75

Unterweisung vor, ohne daß sich Anna Amalia zu einer Entscheidung entschließen konnte.

Görtz war der Meinung, daß Anna Amalia das letzte Jahr vor der Volljährigkeit Carl Augusts dazu nutzen solle, ihn persönlich in die Staatsgeschäfte einzuführen. Vorher aber, so argumentierte Graf Görtz, solle ein zweijähriger Auslandsaufenthalt mit dem Besuch von Universitäten dazu beitragen, die beiden Prinzen, vor allem aber Carl August in Berührung mit fremden Menschen und Sitten zu bringen und dadurch zu festigen. Dieser Vorschlag entsprach den Gepflogenheiten der Zeit, in der keine Erziehung in höheren Kreisen als wirklich abgeschlossen galt, wenn sie nicht durch den Besuch einer Hochschule oder einer Kavaliersreise ins Ausland abgerundet wurde.

Anna Amalia, die Görtz insgeheim vorwarf, er schmeichle Carl August, um in späteren Zeiten über ihn zu verfügen und an der Macht beteiligt zu sein, wich vor dem Gedanken zurück, ausgerechnet ihm ihre beiden Söhne für einen längeren Auslandsaufenthalt anzuvertrauen. Sie wandte sich deshalb an ihren alten Erzieher, den Abt Jerusalem, mit der Bitte, diese Aufgabe an Görtz' Stelle zu übernehmen. Doch Jerusalem lehnte ab. Er fühlte sich zu alt und zu krank.

Nun konnte sich Anna Amalia erst recht nicht mehr zu einer Bildungsreise für ihre Söhne entschließen, dies um so weniger, als sie sich gerade zu dieser Zeit über einen Mangel an Offenheit und eine gewisse Härte im Wesen des Erbprinzen ihr gegenüber beunruhigte.

Den Ausweg aus dieser verfahrenen Situation, die Görtz gegenüber kränkend, Carl August, der sich mit seinem Erzieher eng verbunden fühlte, gegenüber sehr ungeschickt war, brachte der damals berühmteste deutsche Dichter, Christoph Martin Wieland, der als Professor der Philosophie und kurmainzerischer Regierungsrat in Erfurt lebte.

Vermutlich wurde Wieland durch den kurmainzerischen Statthalter Karl Theodor Reichsfreiherr von Dalberg an den Weimarer Hof empfohlen. Letztlich aber verdankte er die Einladung nach Weimar nur seinem eigenen Genie. Seine Werke, seine geschmeidige, elegante Sprache, seine Klarheit und sein wacher Verstand hatten überzeugt und ihn berühmt gemacht. In Weimar, wo sowohl Anna Amalia als auch Graf Görtz sich stets für literarische Neuerscheinungen interessierten, konnte man auf diese in der Nähe lehrende Berühmtheit nicht verzichten. Graf Görtz hat oft betont, daß er Anna Amalias Interesse an Wieland geweckt habe. Schon möglich! Jedenfalls ging im Herbst 1772 an Wieland eine Einladung des Weimarer Hofes, die der Dichterfürst für den 12. November 1772 annahm. Wieland stand damals auf der Höhe seines Schaffens. Er war zu dieser Zeit mit der Abfassung des „Goldenen Spiegels" beschäftigt, einer Beispiel- und Lehrerzählung, in der das Bild des wahren Fürsten entworfen wurde.

Görtz nahm für sich in Anspruch, Anna Amalia veranlaßt zu haben, Wieland um Rat bei den Erziehungsplänen für den Erbprinzen zu bitten. Und Anna Amalia, bedrängt von den Sorgen um die richtige abschließende Erziehung ihres Sohnes, vertraute sich dem großen Dichterphilosophen vorbehaltlos mit allen ihren Sorgen an.

Erziehungsprobleme fanden bei Wieland stets vorrangiges Interesse. Gern ließ er sich von der so offensichtlich verunsicherten Fürstin bitten, über das Wesen Carl Augusts und dessen abschließende Ausbildung nachzudenken.

77

Wortreich und einfühlsam lieferte er dann ein Gutachten über den Erbprinzen ab, das der Mutter die Schwächen ihres Sohnes aus seinen Vorzügen erklärte. Für seine Härte und den Mangel an Offenheit, die auch Wieland als Charakterschwäche des Erbprinzen erkannte, fand er plausible Erklärungen. *„Man mache aus ihm einen aufgeklärten Monarchen"*, schrieb Wieland zusammenfassend, *„so will ich für sein Herz bürgen"*.[53]

Anna Amalia fühlte sich zum ersten Mal seit langer Zeit in ihrem Erziehungseifer und Verantwortungsgefühl verstanden und von einer Bürde befreit. Weil sie Wieland in ihre intimsten Sorgen einweihte, um seinen Rat bat, also seinem Einfühlungsvermögen und Geist vertraute und folgte, gewann sie Wieland für sich. Es war die freie, offene, großzügige Art Anna Amalias, ihr echtes Bedürfnis nach geistigen Werten, die Wieland davon überzeugten, daß er und seine dichterischen und philosophischen Zukunftspläne am Weimarer Hof eine Bleibe finden könnten.

Damit setzte sich ein Prozeß in Gang, der die Annäherung der bis dahin durch Standesschranken getrennten Kulturkreise des Adels und der Bürger einleitete und seine höchste Ausprägung in der Weimarer Klassik fand. Wieland für den Weimarer Hof gewonnen zu haben, war Anna Amalias bedeutendste Tat. Hiermit begründete sie Weimars Ansehen in der Welt. Der unbedeutende thüringische Hof wurde zum bedeutendsten literarischen Zentrum Deutschlands.

Nach der ersten Begegnung kam es im Laufe des Winters 1772/73 noch zu mehreren Treffen zwischen Anna Amalia und Wieland. Vermutlich hat Wieland Anna Amalia, aber auch dem Grafen Görtz bei seinen Besuchen aus dem Manuskript seines neuesten Werkes vorgelesen und mit seinen Staats- und Erziehungsideen bekannt gemacht. Jedenfalls waren Anna Amalia und Görtz, aber auch Carl August die Figuren des „Goldenen Spiegels" bald so bekannt, daß sie jederzeit Danischmedsche[54] Wahrheiten frei zitieren konnten.

Während der Osterzeit 1773 verbrachte Wieland ein paar Wochen in Weimar und war täglich mit Anna Amalia zusammen. Bei diesen Begegnungen hat der Dichter viel Verständnis für die letztlich einsame junge Frau gezeigt und ihr Trost und Ermutigung zukommen lassen. Aus dieser Zeit müssen auch die viel zitierten, mit „Meine Gedanken" betitelten Aufzeichnungen Anna Amalias stammen.

Ein empfindsamer Briefwechsel zwischen dem Dichter und der Fürstin entspann sich, der Anna Amalia zwang, über sich selbst nachzudenken und ihr Verhältnis zu ihren Kindern, vor allem zu dem in dieser Lebensphase schwierigen Thronfolger kritisch zu betrachten.

Wieland war über manche Selbstzweifel der jungen Frau erstaunt. Vor allem konnte er keine wirkliche Fehlentwicklung bei der Erziehung Carl Augusts und Constantins feststellen. Vermutlich war er allerdings zu dieser Zeit bereits von Graf Görtz stark beeinflußt, der sich außerordentlich um Wieland bemühte.

Wielands Beziehungen zu Graf Görtz wurden im Laufe des Sommers immer enger. Görtz lehrte ihn zu dieser Zeit, Anna Amalia auch kritisch zu sehen. Und der junge Erbherzog wußte ebenfalls geschickt, seinen Mißmut über seine Mutter – die ihn nach seiner Meinung noch immer wie ein Kind behandelte, ihm eine eigene Hofhaltung und den Titel Herzog vorenthielt und ihn in Weimar „verkümmern" ließ, anstatt ihn in die Welt zu schicken – dem in Intrigen unerfahrenen Dichter zu unterbreiten.

Wieland ergriff, nachdem er von Görtz und Carl August beeinflußt worden war, engagiert Partei für die Wünsche des Thronfolgers, d.h. im letzten für die des Grafen Görtz.

Görtz hatte inzwischen beschlossen, auf die offenbar undurchführbaren Reisepläne zu verzichten. Vielmehr versuchte er nun, Wieland in die letzte Erziehungsphase des Erbprinzen einzubinden. Hiervon versprach er sich eine Festigung seiner eigenen Macht, denn er konnte sich ausrechnen, daß sein Einfluß auf Carl August vom Tag des Regierungsantritts an abnehmen würde. Die Berufung eines in die gleiche Richtung denkenden Geistes konnte nur vorteilhaft für ihn sein.

Görtz' Stellung am Hofe war nicht nur durch Anna Amalias Mißtrauen gefährdet, sondern auch durch die Gegnerschaft, die ihm der Geheime Rat und Vorsitzende des Geheimen Consiliums, Jakob Friedrich Freiherr von Fritsch, entgegenbrachte. Fritsch, der großen, vor allem beruhigenden Einfluß auf Anna Amalia besaß und zu ihr ein sehr vertrauensvolles Verhältnis unterhielt, war gegen die Berufung Wielands. Der trockene Jurist, der real die Machtverhältnisse am Hofe kalkulierte, betrachtete skeptisch diesen Neuzugang an Schwärmerischem, Philosophischem, Poetischem. Der konservativ denkende, höfischer Tradition verpflichtete und auch noch ganz an Standesschranken festhaltende Verwaltungsmann konnte Wieland nicht billigen. Doch war von Fritsch klug genug, nicht auf einen starren Konfrontationskurs zu gehen. Er hatte längst erkannt, was Wieland für Anna Amalia bedeutete, wie sie bereit war, in jeder Beziehung Konzessionen zu machen und wie unbedingt sie an der

Berufung des bedeutenden Mannes festhielt. Auch sah er, daß Carl August – darin ganz Sohn seiner Mutter – die geistige Größe Wielands anerkannte und ihn deshalb weit höher schätzte als jeden anderen in seiner Umgebung.

Obwohl von Fritsch das Spiel des Grafen Görtz durchschaute und sich bewußt war, daß Wieland von diesem nur als Miterzieher eingesetzt wurde, um den eigenen Einfluß zu verlängern, vermied er einen Eklat.

Bis zu einem gewissen Grad gelang es ihm aber, Anna Amalia in seinem Sinne zu beeinflussen, so daß sie im Juli 1773 Wieland nur den Vorschlag machte, ihre Kinder für die Dauer eines halben Jahres in Philosophie zu unterrichten. Stolz und seines Wertes bewußt, lehnte Wieland dieses Anerbieten ab. Er entwarf noch einmal ein günstiges Portrait des Thronfolgers und empfahl sich indirekt als einzig möglichen Erzieher des Erbprinzen, da nur eine umfassende Erziehung in Philosophie durch einen wahren Philosophen eine abschließende Erziehung des Thronfolgers gewährleiste.

Nach dieser Antwort des Dichters sah Anna Amalia nur die Konsequenz, das große Erziehungswerk an Carl August mit Wielands Hilfe zu vollenden.

Den Thronfolger schmeichelte einerseits die Auseinandersetzung um seine Person, andererseits empfand er echte Zuneigung zu Wieland, wobei nicht unbeachtet bleiben kann, daß Wieland unvorsichtigerweise geäußert hatte, daß doch Carl August der eigentliche Herzog sei, ein Affront gegen Anna Amalia, von der sich der Thronfolger seit längerem bevormundet fühlte.

Wieland selbst freundete sich immer mehr mit dem Gedanken an, am Weimarer Hof Prinzenerzieher zu werden. Er, der Philosoph – Carl August, der zukünftige

Herrscher: der Philosoph als Führer des Fürsten! Hatte er dies nicht immer angestrebt?! Doch sah er auch die vielseitigen Möglichkeiten, die der kleine Hof ihm als anerkanntem, hochgeschätztem Dichter zu bieten hatte. Schon mischte er sich in das kulturelle Leben Weimars ein, gab Empfehlungen für Aufführungen und machte Vorschläge, wie man die Schauspieltruppe zu leiten habe. Weimar bot Wieland zu diesem Zeitpunkt, was er sich seit langem erhoffte: den für seine literarische Tätigkeit günstigen äußeren Rahmen, eine gewisse geistige Unabhängigkeit und materielle Sicherheit. Die Anstellung am Wiener Hof, die er eigentlich angestrebt hatte, wurde ihm täglich uninteressanter.

Am 17. Juli 1773 bat Anna Amalia endgültig den Philosophieprofessor aus Erfurt, ihre Söhne zu erziehen. Sie bot ihm für seine Dienste ein Gehalt von 900 Talern im Jahr und eine lebenslange Pension von 500 Talern an. Wieland erreichte, daß sein Gehalt auf 1.000 Taler und seine Pension auf 600 Taler heraufgesetzt wurden. Gern nahm er den Titel eines Hofrats an, erbat sich die Übernahme der Kosten seines Umzugs sowie Mithilfe beim Entlassungsgesuch aus den Diensten des Mainzer Kurfürsten. Ende September 1773 zog Wieland mit seiner gerade verwitweten Mutter, seiner Ehefrau und den Kindern nach Weimar in das Söllnersche Haus in der Jacobstraße.

Obwohl Wielands Wirken auf die Erziehung der beiden Prinzen, aufs Theater und die Pflege literarischer Ereignisse beschränkt blieb, war seine Gegenwart in Weimar ein Signal. Von der Berufung Wielands an den Weimarer Hof berichteten damals alle einschlägigen Gazetten. Und als Wieland den „Teutschen Merkur"[55], ein Gegenstück zu dem „Mercure de France"[56], in Zusammenarbeit mit dem Weimarer Unternehmer, Verleger, Schriftsteller und Übersetzer Bertuch (1747–1822) herausgab, drang die Kunde vom großzügigen, aufgeschlossenen, liberalen Weimarer Hof und der ihm vorstehenden jungen Witwe in die gesamte deutschsprachige Welt und darüber hinaus.

Daß Wieland sich in Weimar so wohl fühlte, daß diese junge Fürstin freiheitlich denkend und auch generös war, ließ Weimar zum anziehendsten Fürstentum für das geistige Deutschland werden. Der erste Schritt zum Weimarer Musenhof war getan!

Wieland gefiel sich zunächst in der ihm von Anna Amalia zugedachten Rolle als Prinzenerzieher. Für den nun beginnenden letzten Erziehungsabschnitt des Erbprinzen schrieb er das Pro Memoria. In ihm wies er darauf hin, daß das letzte Ziel aller Philosophie der vollkommene Mensch sei. Nicht Logik oder Ontologie wolle er lehren, sondern Unterweisung und Belehrung geben, wie man als Mensch seiner Vervollkommnung näher komme. Nach einer grundsätzlichen Unterweisung vom Wesen des Menschen sollten sich Kosmologie, natürliche und philosophische Theologie und Metaphysik anschließen.

Zunächst unterrichtete Wieland die beiden Prinzen nach der Moralphilosophie des Schotten Fergusen, der 1767 eine Geschichte der bürgerlichen Gesellschaft herausgegeben hatte, in der die fortschreitende geistige Vervollkommnung des Menschen als Gesetz des sittlichen Lebens dargestellt wurde. Zudem unterrichtete er noch Geschichtsphilosophie, Theorie der schönen Wissenschaften und später auch Natur- und Völkerrecht. In allen seinen Unterweisungen ließ Wieland seine Vorstellungen vom Menschen, vom Fürsten und vom Staat einfließen.

Als Anhänger der Erbmonarchie sah er den Fürst als Statthalter Gottes auf Erden an, der zugleich gesetzgebende als auch ausübende Kraft sein sollte. Von den politischen Fähigkeiten des einfachen Volkes hielt er wenig; eine verfassungsmäßig geregelte Teilnahme des Volkes an der Gesetzgebung wollte er nicht zulassen. Gleichzeitig machte er seinen Zöglingen klar, daß ein Prinz nicht als Prinz, sondern als Mensch erzogen werden müsse. In diesem Sinne lehrte er, daß ein König eher der beste unter den Menschen als der mächtigste unter den Königen zu sein habe. Die Rechte der Menschen hätten ihm heiliger und unverletzlicher zu sein als seine eigenen. So wurden die Überlegungen der Aufklärung und des Humanismus für die beiden Prinzen zur Selbstverständlichkeit.

Zusätzlich zu Wielands Unterricht – Graf Görtz hatte Lehrkräfte der Universität Jena herangezogen – wurde Geschichte, Jurisprudenz, Physik, Französisch, vorübergehend Englisch und Italienisch, Zeichen- und Musikunterricht gegeben. Für die allerletzte Ausbildungszeit war noch Statistik und allgemeines Staatsrecht und für den Erbprinzen speziell Kameral[57]- und Politikwissenschaft, sowie Finanzlehre und Moralphilosophie vorgesehen.

Der von Anna Amalia mit sehr vielen Hoffnungen an den Weimarer Hof engagierte Wieland nahm seine beruflichen Verpflichtungen – zwei Stunden am Vormittag und nachmittägliche Unterweisungen in Literatur, aber auch Anwesenheit bei der Mittags- oder Abendtafel der Prinzen – ernst. Er versagte aber als Mittler, so wie es sich Anna Amalia von ihm erhofft hatte, zwischen ihr und dem ihrer Meinung nach schwierigen Erbprinzen. Dagegen mußte sie beobachten, wie sich Wieland immer mehr dem Grafen Görtz anschloß. An Zimmermann schrieb Wieland am 22. Januar 1773: *„Görtz ist mein Freund... Wir sind beide so einsam hier, als wir es auf dem Berge Nitria oder mitten in der Wüste Sahara sein könnten. Unsere Prinzen ausgenommen, hat er keinen Freund als mich, ich keinen als ihn.“*[58]

Anna Amalia sah diese Entwicklung mit gemischten Gefühlen. Einerseits schätzte sie nach wie vor das dichterische Genie in ihrer unmittelbaren Nähe und erwies ihm zahlreiche Vergünstigungen. So brauchte er beispielsweise bei seinem Dienstantritt keine Verpflichtung auf die lutherische Lehre ablegen, auch war er vom Hofdienst befreit. Andererseits war sie enttäuscht, daß er sich in der schwelenden Auseinandersetzung mit Carl August nicht eindeutig zu ihr bekannte, sondern zusammen mit Görtz die Partei des Erbprinzen zu ergreifen schien.

Nur Wasser auf die Mühlen des Freiherrn von Fritsch muß Anna Amalias Brief vom 9. Dezember 1773 gewesen sein, in dem sie schrieb: *„...er ist ein Mann von gefühlvollem Herzen und ehrenwerther Gesinnung, aber ein schwacher Enthousiast, viel Eitelkeit und Eigenliebe; ich erkenne leider zu spät, daß er nicht gemacht ist für die Stellung, in der er sich befindet; er ist zu schwärmerisch für die jungen Leute, zu schwach, um ihnen die Spitze zu bieten, und zu unvorsichtig, in seiner Lebhaftigkeit hat er das Herz auf der Zunge; wenn er sich verfehlt, so ist das mehr aus Schwachheit als aus bösem Willen; so sehr er durch seine Schriften gezeigt hat, daß er das menschliche Herz im Allgemeinen kennt, so wenig kennt er das einzelne Herz und die Individuen; er hört zu sehr auf die*

Schmeichler und überläßt sich ihnen; daher stammt die
große Freundschaft zwischen ihm und dem Grafen Görtz,
der ihm in der unerhörtesten Weise schmeichelt; Wieland
von seiner Seite schmeichelt wieder dem Grafen, und
beide vereinigt schmeicheln meinem Sohne – so daß nichts
als Schmeichelei oben bei meinen Kindern herrscht."[59]

Entgegen dieser von Mißtrauen gezeichneten Beurteilung Wielands durch Anna Amalia steht die Tatsache,
daß zu dieser Zeit eine uneingeschränkte gegenseitige
Freundschaft und Hochschätzung zwischen Wieland
und dem Erbprinzen bestand. Ganz sicher irrte sich
Anna Amalia, wenn sie die weitherzige, großzügige und
freie Art, mit der Wieland mit dem jungen Menschen
umging, als übliche Schmeichelei denunzierte. Ihr Trau-
ma, die Angst vor der Unredlichkeit der Menschen, ver-
giftete hier ihre Urteilsfähigkeit.

Intriganter und gefährlicher war dagegen das Verhalten des Grafen Görtz. In seinen Zukunftsplänen sah er
sich als den eigentlichen Herrscher des Fürstentums, der
durch den jungen Herzog die wirkliche Macht ausübte.

Der draufgängerische fünfzehnjährige Carl August, der
sich seit längerem von Anna Amalia zu sehr als Kind und
zu wenig als zukünftiger Herrscher behandelt fühlte,
fand Gefallen an den Überlegungen seines Hofmeisters,
möglichst bald die Regierung zu übernehmen und im
Staat die wichtigsten Posten mit neuen Männern zu
besetzen.

Anlaß zu diesen Gedankenspielen war, daß Anna
Amalia nach dem Tod des von ihr so geschätzten Geheimen Rats Greiner den Freiherrn von Fritsch zum wirklichen Geheimen Rat ernannt hatte. Görtz hatte zu Recht
von Fritsch als einen seiner Hauptgegner erkannt und

hatte, griff Anna Amalia ihrem Temperament entsprechend leidenschaftlich und voller Zorn, aber auch ratlos zur Feder, um sich an von Fritsch zu wenden. Am 9. Dezember 1773 stellte sie ihrem Staatsminister und freundschaftlich verbundenen Ratgeber ihre Gesamtsituation dar. Aus ihren Zeilen spricht die tiefe Enttäuschung der nun Vierunddreißigjährigen, die sich kurz vor Ende eines wichtigen Lebensabschnittes, – den sie ihrer Meinung nach zum Wohle ihres Volkes und ihrer Söhne gut bewältigt hatte – durch die Intrigen der von ihr berufenen Erzieher und die Selbstüberschätzung ihres minderjährigen Sohnes um den Erfolg betrogen fühlte.

Ganz richtig beurteilt sie den Einfluß des Grafen Görtz als Hauptursache des Drängens ihres Sohnes nach größerer Selbständigkeit. Sie erkannte unbewußt, daß Görtz ihre Ablösung wünschte und mehr Macht im Staate anstrebte. Wieland beurteilte sie zu hart. Doch zutreffend war, daß Wieland und Görtz sich gegenseitig schmeichelten und mit ihren Schmeicheleien die beiden Prinzen von der Realität ablenkten und von ihrer Mutter entfernten.

An Carl August lobte sie in dieser Generalabfertigung das edle Herz und das gründliche Urteil. Jedoch bemerkte sie kritisch seine überzogene Eigenliebe und auch eine gewisse Naivität, die er allen denjenigen entgegenbringe, die er liebe. Aus diesem Grund, meinte sie, gäbe es nur einen unnützen Eklat, würde sie versuchen, die beiden Erzieher von ihm zu trennen.

Andererseits hatte Anna Amalia die Gesamtsituation satt: die ewigen Auseinandersetzungen mit Carl August, die Einflußnahme der beiden ihrer Meinung nach unloyalen Erzieher, die Zwischenträgerei der Familie von Kalb[60], mit deren Söhnen Carl August befreundet

war und die nichts Besseres zu tun hatten, als den Thronfolger mit den Hofnachrichten zu versehen, die ihm von
seiner Mutter vorenthalten wurden, und schließlich die
Verwaltung der Hofkasse durch Herrn von Witzleben[61],
die für die Wünsche des Erbfolgers immer Geld zur Verfügung hatte, für Anna Amalia aber nicht.

Resumée: Anna Amalia kam zu dem Schluß, alles
sähe nur nach der aufgehenden Sonne. Sie, so betonte sie,
sei nunmehr entschlossen, die Regentschaft mit Zustimmung des Wiener Hofes abzuschütteln und die Vormundschaft ein Jahr früher niederzulegen, sobald ihr
Sohn das siebzehnte Jahr erreicht habe.

Wie es auch gewesen sein mag: Das Schreiben war
ernst zu nehmen. Anna Amalias Geduld schien am Ende
zu sein. Welches konkrete Ereignis Anna Amalia zu diesem emotional bestimmten Entschluß gedrängt hat, ist
unbekannt. Ganz sicher aber war der Wunsch, die Herrschaft bald abzuschütteln, auch ein Ergebnis ihrer Ein-
samkeit und der Verbitterung darüber, daß sich ihr älte-
ster Sohn mehr und mehr von ihr zu entfernen schien.

Für Anna Amalia waren die Jahre der Regentschaft, die
ihr von früh bis spät Aufgaben stellten, stets Entscheidungen von ihr verlangten, die sie in politische, soziale,
kulturelle Ereignisse verwickelten, übervolle, sie ganz
fordernde Jahre.

Als Regentin war sie stets von allen ihren Untergebenen mit Hochachtung und Ehrerbietung behandelt worden. Ihre Entscheidungen galten, ihre Haltung war
richtungweisend. Auch wenn man nicht ihrer Meinung
sein sollte, war man zu unterwürfig, sie zu kritisieren.
Selbst die Zuneigung, ja gar Liebe ihrer Untergebenen
schien selbstverständlich.

Von diesem bevorzugten Platz nun in den Schatten des jungen Erbherzogs zu treten, war schwierig und nur zumutbar, wenn der Nachfolger sie zu achten, zu schätzen und auch um Rat zu bitten versprach und ihr damit einen Teil ihres früheren Lebens garantierte.

Eine solche Zukunft aber schien Anna Amalia dank des unloyalen Verhaltens der beiden Erzieher Görtz und Wieland und vor allem ihres Sohnes gefährdet. Kein Wunder, daß sie aufgebracht war!

Freiherr von Fritsch, wie so oft von seinem damals über siebzig Jahre alten Vater, Thomas Freiherr von Fritsch, beraten, glättete zunächst die Wogen. Er machte Anna Amalia klar, daß ihre verfrühte Abdankung den Weimarer Hof einem unreifen, noch gar nicht richtig vorbereiteten Jüngling überlasse, der nicht in der Lage sein würde, ihr Werk fortzusetzen. Zudem verstand er es in seinem Schreiben, Öl auf die Wunden zu gießen und ehrerbietig, anerkennend, verständnisvoll die Taten Anna Amalias zu beschreiben und die jetzigen Mißstimmungen zwar zu benennen, aber nicht hochzuspielen. Alles in allem ermunterte er sie zum Durchhalten. Er riet ihr zu einem weiteren Jahr der Regentschaft, wie dies von ihrem Mann Ernst August Constantin gewünscht und angeordnet worden war. Und er machte ihr klar, daß ein weiteres Jahr der Regentschaft für sie wenig bedeute, für das Land unter der Leitung des unerfahrenen Carl August aber nur Schaden bringen könne.

Auch er war der Meinung, daß sich ein Eklat mit Görtz und Wieland nicht für sie lohne. Und inständig wies er sie darauf hin, daß Carl August in der bis zu seiner Volljährigkeit noch verbleibenden Zeit auf seine Aufgabe durch praktische Einführung in die Regierungsaufgaben geschult werden müsse. Weniger Schulung im herkömmlichen Sinne, um so mehr Einführung in die tatsächlichen Regierungsgeschäfte verlangte von Fritsch.

Von den meisten Unterrichtsstunden befreit, sollte Carl August an den ein- bis zweimal wöchentlich stattfindenden Sitzungen des Geheimen Consiliums teilnehmen, um die Regierungsgeschäfte zu erlernen. Anna Amalia sollte selbst diese Einführung leiten. Freiherr von Fritsch versprach sich davon auch eine Verbesserung des Verhältnisses zwischen Mutter und Sohn.

Im gleichen Brief ging von Fritsch auf die Zukunft des aufgrund dieser Ereignisse und Überlegungen seit längerem vernachlässigten Prinzen Constantin ein. Dieser hatte den Wunsch geäußert, Offizier zu werden. Anna Amalia stand dieser zweite Sohn, der sie äußerlich so lebhaft an ihren verstorbenen Mann erinnerte, besonders nahe. Anders als Carl August – einschmeichelnd und anlehnungsbedürftig – hatte er es schon als Kind immer verstanden, durch seine Liebenswürdigkeit und Schüchternheit die Aufmerksamkeit seiner Mutter auf sich zu ziehen. Vermutlich hatte er unter der steten Bevorzugung und Beachtung, die dem Erbprinzen entgegengebracht wurden, gelitten.

Durch Etikette und Erziehung waren die beiden Brüder eng miteinander verbunden. Stets aber hatte Carl August nicht nur wegen seiner Stellung, sondern auch aufgrund seines Temperaments und seiner Begabung den nur um ein Jahr jüngeren, zarteren, auch zurückhaltenderen Constantin in den Schatten gestellt.

Nun war von Fritsch der Meinung, daß man Constantins Entwicklung kräftiger unterstützen müsse und ihm einen eigenen Hofmeister zugesellen solle. Der Freiherr war bei seinen Überlegungen auf den ehemaligen preußischen Offizier Carl Ludwig von Knebel (1744–1834) gestoßen, der im Herbst 1773 den Weimarer Hof besucht hatte. Von Wieland und dem literarischen Leben in Weimar angezogen, hatte er vierzehn Tage in Weimar Station gemacht und am Hof dank seiner ausgezeichneten Manieren, seiner Redlichkeit und vor allem seiner Belesenheit gefallen.

Doch alle diese Überlegungen realisierten sich zu diesem Zeitpunkt noch nicht. 1773 blieben die grundsätzlichen Positionen in Weimar unangetastet. Zwar waren einige Änderungen beschlossen worden, doch ihre Umsetzungen ließen auf sich warten. So wurde zum Beispiel der Gedanke, Prinz Constantin einen eigenen Hofmeister zur Seite zu stellen, vorläufig nicht verwirklicht. Erst 1774 wurde von Knebel endgültig zum Hofmeister von Prinz Constantin ernannt. Goethe bezeichnete ihn später als Urfreund, doch auch als einen wankelmütigen, sonderbaren Mann. Weder entschieden, noch tatkräftig, voller widersprüchlicher Stimmungen, wurde er in den folgenden Jahren für Prinz Constantin nicht zu dem erwünschten Erzieher. Aber zur Zeit seiner Einstellung an den Weimarer Hof war er sowohl Anna Amalia als auch von Fritsch symphatisch. Alles in allem gewann mit diesem Schöngeist die literarisch bestimmte Gruppierung am Hof Zuwachs.

Auch zwischen Anna Amalia und Carl August änderte sich zunächst nichts. Die Gründe für das Zerwürfnis zwischen den beiden blieben bestehen. Nach wie vor bewilligte Anna Amalia ihrem Sohn weder eine eigene Hofhaltung, noch gestattete sie ihm, die Kavaliersreise anzutreten. Auch in das Geheime Consilium führte sie ihn erst 1774 ein. Dank der Überzeugungskraft ihres ersten Ministers, des Freiherrn von Fritsch, hatte Anna

Amalia zu sich selbst zurückgefunden und die plötzliche Aufwallung – aus Enttäuschung und gekränkter Eigenliebe – war längst vergessen. Mit Selbstgewißheit und berechtigtem Stolz sah sie auf ihre vergangenen Leistungen zurück und mit Zuversicht auf die kommenden Jahre.

Da brach am 6. Mai 1774 nach einem nächtlichen Gewitter ein Brand in der Wilhelmsburg aus. Herzogin, Prinzen, Hofleute und auch die Seylersche Theatergruppe wurden obdachlos. Anna Amalia ertrug das Unglück mit Haltung. Beherzt soll sie gesagt haben, daß das Schicksal an äußeren Gütern dem Menschen geben und nehmen könne, was es wolle, der Wert eines Menschen aber bliebe von seinen Launen unangetastet. Hehre Worte vor einem gewiß unangenehmen und endgültige Entscheidungen geradezu provozierenden Ereignis.

Zunächst fand die herzogliche Familie im erst vor einigen Jahren erbauten Haus des Freiherrn von Fritsch – später Wittumspalais genannt – Unterkunft. Aus Geldmangel war an einen schnellen Wiederaufbau der Wilhelmsburg nicht zu denken.

Um den endgültigen Wohnsitz der Landesherrschaft aber entbrannte die sowieso schwelende Auseinandersetzung zwischen Anna Amalia und Carl August nun von neuem. Carl August wünschte sich das gerade von den Ständen errichtete große Landschaftshaus – in der Nähe des Grünen Schlößchens gelegen – zum Wohnsitz. Anna Amalia bevorzugte das vor der Stadt gelegene Jägerhaus, das aus drei miteinander verbundenen Teilen bestand.

Das Auftreten und die Argumentation ihres Sohnes ließen Anna Amalia spüren, daß er sich als zukünftiger

Herrscher verstand, vor dessen Wünschen ihre Überlegungen zurückzutreten hatten. Daß Carl August das Landschaftshaus wählte, schrieb sie seiner Eitelkeit zu. Sie nahm an, daß das „kaiserliche Aussehen" des Hauses, durch die wenigen Säulen des Eingangsbereiches hervorgerufen, ihn dazu verleitet hätten, dieses an sich für die Hofhaltung ungeeignete Palais zu wählen. Carl August beharrte auf seinen Wünschen, obwohl sich dieses Gebäude als zukünftiger Herrschaftssitz nicht anbot und später als sehr unpraktisch erwies.

Bis zur endgültigen Herrichtung logierte die fürstliche Familie im Jägerhaus und auf Schloß Belvedere.

1774 wurde Carl August endlich ins Geheime Consilium eingeführt. Aus diesem Anlaß hielt von Fritsch eine kleine Ansprache, in der er Carl August auf seine zukünftigen Pflichten hinwies und Anna Amalias große Verdienste Revue passieren ließ. Hierbei sprach er ganz offiziell Carl August als Herzog an. Anna Amalia erlaubte ihrem Sohn nun eine kleine eigene Hofhaltung, die Wahl eines Kavaliers vom Dienst und eines Pagen.

Zu dieser Zeit schmiedete Anna Amalia auch Vermählungspläne für ihren Ältesten.

Durch Wieland, der mit dem Kriegsrat Merck (1741–1791) aus Darmstadt befreundet war, hatte sie von den fünf heiratsfähigen Darmstädter Prinzessinnen gehört, die ihre tüchtige, gebildete, Wissenschaft und Kunst schätzende Mutter, Landgräfin Karoline, auf dem europäischen Heiratsmarkt des Hochadels zu verheiraten suchte. Während Landgraf Ludwig IX. meist bei seinem Heer in Pirmasens lebte, bestimmte die Landgräfin Karoline das Darmstädter Hofleben. Sie war hochgebildet und – eine Seltenheit zu dieser Zeit – auch deutscher

Literatur zugeneigt. An ihrem Hof hielt sich Klopstock auf, und Herder (1744–1803), Goethe, Sophie La Roche und Gleim waren gern gesehene Gäste. Die geistige Atmosphäre dieses Hofes zog Anna Amalia an, und sie konnte sich eine Prinzessin aus diesem Hause – materiell anspruchslos, gebildet, kunstinteressiert und musikalisch – gut als Schwiegertochter vorstellen.

Deshalb nahm sie 1773 gern die Einladung des kurmainzerischen Statthalters in Erfurt, Carl Theodor Reichsfreiherr von Dalberg, an, mit ihren beiden Söhnen die Landgräfin und drei ihrer Töchter bei deren Durchreise nach St. Petersburg kennenzulernen. Die Damen waren auf dem Wege an den russischen Zarenhof, wo Katharina die Große unter den drei Schwestern diejenige aussuchen wollte, die ihr als Ehefrau des Zarewitsch am geeignetsten schien. Auf dieser Brautschautour im umgekehrten Sinne begegneten sich also die beiden ehestiftenden Mütter Karoline und Anna Amalia, aber auch das zukünftige Weimarer Herzogspaar Carl August und Louise (1757–1830) zum ersten Mal.

Louise soll Carl August damals liebenswert vorgekommen sein. Unter den drei Erwachsenen aber wurde festgehalten, daß eine der übrig bleibenden Prinzessinnen durchaus geeignet sei, Herzogin von Weimar zu werden, um den eigenwilligen und selbstbewußt auftretenden jungen Herzog zu einem braven Ehemann zu machen.

Herzogin Anna Amalia und Landgräfin Karoline müssen sich gut verstanden haben. Auch Karoline meisterte, wenn auch auf andere Weise als Anna Amalia, ein beschwerliches Leben. Als sie kurz danach, 1774, verstarb, hatte sie ihre fünf Töchter hervorragend verheiratet und damit ein entscheidendes Lebensziel erreicht.

In Weimar und für Anna Amalia fiel bei der Wahl Louises ins Gewicht, daß der Weimarer Hof dadurch mit fünf regierenden Fürstenhäusern – darunter mit dem zukünftigen Zaren und dem zukünftigen König von Preußen – verschwägert sein würde.

Um die Verbindung ihres Sohnes mit Prinzessin Louise endgültig zu festigen, nahm Anna Amalia die Dienste des Reichsfreiherrn von Dalberg in Anspruch. Louise hingegen wurde von dem Darmstädter Minister Moser und der Generalin von Prettlack, einst Hofmeisterin ihrer verstorbenen Mutter, beraten.

Anna Amalia erlaubte nun ihrem Ältesten eine Reise nach Karlsruhe an den Badischen Hof, wo sich Louise nach dem Tode ihrer Mutter bei ihrer Schwester Amalie aufhielt. Für die beiden Weimarer Prinzen wurde aus dieser Reise die seit langem begehrte Bildungsreise. Unter dem Deckmantel der Kavalierstour konnten sie sich Louise unauffällig nähern.

Die gerade erst mit allem Nachdruck begonnene Einführung Carl Augusts in die Arbeit des Geheimen Consils wurde unterbrochen. Am 8. Dezember 1774 brachen die beiden Prinzen, begleitete von Graf Görtz, Freiherrn von Knebel, Kammerherrn von Stein[62] und dem Leibchirurgen Engelhardt auf. Zum ersten Mal mußte sich Anna Amalia von ihren beiden Söhnen trennen.

Die Kavalierstour der beiden Prinzen führte sie über Frankfurt, Mainz, Karlsruhe, Straßburg nach Paris und in die Westschweiz, wo sie an den einzelnen Stationen mit Wissenschaft, Kunst, Gesellschaft, fremden Sitten und Gebräuchen bekannt gemacht wurden.

Die herausragenden Ereignisse dieser Reise waren zum einen die Verlobung Carl Augusts mit der hessischen Prinzessin Louise zum Jahreswechsel 1774/75 und zum anderen die erste Begegnung der Weimarer mit Goethe in Frankfurt und Mainz im Dezember 1774.

Anna Amalias Beziehungen zu ihrem Ältesten hatten sich während seiner Abwesenheit merklich entspannt. Sie war beruhigt und erfreut, daß sich das Verhältnis zu der zukünftigen Schwiegertochter offensichtlich glücklich anließ und erhoffte sich von Louise einen mäßigenden Einfluß auf ihren eigenwilligen und aufbrausenden Sohn.

Bereits zu seiner Verlobung hatte sie angeordnet, daß man Carl August im Kirchengebet ganz offiziell mit dem Titel Herzog bezeichnete. Ein wesentlicher Konflikt-stoff war damit ausgeräumt. Mit Stolz und Freude ver-nahm sie nicht nur von ihren Söhnen, sondern auch von den beiden Hofmeistern Görtz und Knebel, aber auch von hochgestellten Persönlichkeiten der fremden Höfe, wie gewandt, gesittet und klug sich ihre Kinder in der Fremde bewegten und überall einen guten Eindruck hin-terließen. Sie konnte stolz auf sie sein! Man gratulierte ihr zu den Erfolgen der beiden Prinzen im Ausland. Sie wurden in der französischen Hofgesellschaft herumge-reicht und durften sogar einem Lever des Monarchen beiwohnen.

Vor allem Görtz sonnte sich in den Erfolgen seiner Zöglinge, und seine Frau verbreitete in Weimar die Nachricht von dem großen gesellschaftlichen Ansehen der beiden Prinzen. Anna Amalia waren vor allem die Berichte aus Paris wichtig. Mit Entzücken erinnerte sie sich an ihren Onkel Friedrich den Großen, für den Paris die Vaterstadt des Witzes, alles Schönen und Artigen war und die Franzosen das erste Volk der Erde vorstellten.

Mutter und Söhne wechselten während dieser halb-jährigen Trennungszeit zahlreiche Briefe, so daß Anna

Anna Amalia war bei der Heimkehr ihrer Kinder versöhnlich gestimmt und hatte vor, mit ihnen glücklich und friedlich zu leben. Auch Freiherr von Fritsch hatte sich auf Verständigung eingestellt und suchte Übereinkommen mit dem Grafen Görtz, dessen erzieherische Arbeit sich ein weiteres Mal bewährt hatte.

Allerdings hatte die geplante Zusammensetzung des Hofstaates des zukünftigen Herrscherpaares den Verdacht aufkommen lassen, als wolle Graf Görtz seine Macht über Carl August und seine junge, unerfahrene Frau nicht nur behalten, sondern ausbauen. Görtz selbst sah mit Spannung und großen Hoffnungen auf den Regierungswechsel. Er erwartete den Dank der Herzogin und des Landes, hatte er sich doch als Pädagoge, Heiratsdiplomat und Reisemarschall ausgezeichnet bewährt. Entweder, so rechnete er sich aus, gewann er noch mehr Einfluß oder er erhielt, hochgeehrt, seine Freiheit zurück.

Während Carl August noch in Karlsruhe weilte, hatte er seinen Stallmeister von Stein nach Weimar vorgeschickt, damit er dem Freiherrn von Fritsch die Vorstellungen des zukünftigen Herzogs über seine Regierung unterbreite. Die Pläne Carl Augusts hatte von Fritsch Anna Amalia bis zum Tage der Heimkehr der Prinzen vorenthalten. Nun unterrichtete er die noch amtierende Herzogin über die Wünsche ihres Sohnes.

Carl August, so teilte er ihr mit, werde jederzeit das, was als Rat oder Gutachten ihm von ihr zugehe, akzeptieren und mit Dank aufnehmen. Alles aber, was ihn in seinen Entscheidungen behindere, wie zum Beispiel künftige Anordnungen oder Stellenbesetzungen in ihrem Sinne, werde er als Bevormundung und Einmischung abweisen. Fritsch riet deshalb Anna Amalia, sich mit Meinungsäußerungen zurückzuhalten, sich nicht aufzudrängen, mehr als besorgte Freundin, denn als erfahrene Regentin aufzutreten und vor allem ihren Groll gegenüber Görtz zu verbergen, der nach wie vor das volle Vertrauen Carl Augusts besitze. Anna Amalia nahm die Vorschläge auf, sagte zu, sie zu befolgen und überwand sich insoweit, als sie versprach, sich mit Görtz „nach Art der Hofleute" auf guten Fuß zu stellen. Eine Einschränkung allerdings machte sie: Sollte Görtz einen Angriff auf Personen führen, die sich um sie während ihrer Regierungszeit verdient gemacht hatten, würde sie ihre Zurückhaltung ablegen. Sie erwartete, daß der zukünftige Herrscher Weimars diejenigen belohne, die ihr während ihrer Regierungszeit beigestanden hatten.

Zu Recht vermutete sie, daß Carl August Leute seines Vertrauens, besser des Vertrauens des Grafen Görtz, um sich scharen wolle. Vor allem sorgte sie sich um die Stellung des Freiherrn von Fritsch, denn sie wußte, daß Görtz ihm Feind war und auch Carl August ihn nicht leiden mochte. Sollte Carl August es wagen, die ihr treu ergebenen Diener ohne Dank zu verabschieden und gleichzeitig seine Günstlinge in deren Stellung zu hieven, bedeutete dies eine Ohrfeige für ihre Amtsführung. Welch ein unerträglicher Gedanke für eine Fürstin, die sechzehn Jahre lang mit Fleiß, Gewissenhaftigkeit und Engagement ihr Amt ausgefüllt hatte, in ganz Deutschland hochangesehen war und von der Bevölkerung geschätzt und geliebt wurde!

Die klaren, unmißverständlich vorgetragenen Positionen auf beiden Seiten, der harsche Ton erneuerten eine Zuspitzung der Verhältnisse.

Bei Anna Amalia provozierte das selbstbewußte Auftreten des Grafen Görtz alte Abneigungen. Hinzu kam, daß Knebel auf der Reise keine allzu günstigen Erfahrungen mit dem Grafen gesammelt hatte und darüber gern berichtete.

Unerwartet rückte in die Front gegen Görtz nun auch Wieland, der sich plötzlich vom verständnisvollen Freund zum heftigen Gegner des Grafen wandelte. Wielands Eitelkeit war in den letzten Monaten erheblich verletzt worden. So beklagte er, daß seine Unterrichtsstunden durch die Reise weggefallen waren. Andererseits aber hatte er diesen Freiraum für eigene Arbeiten begrüßt. Mehr aber noch beargwöhnte er den großen Einfluß Görtz' auf den zukünftigen Herrscher und sah sich zurückgestellt. Vieles kam zusammen: So war z.B. Carl August auf der Reise mit anderen deutschen Geistesgrößen wie Klopstock und Goethe zusammengetroffen, zeigte Louise kein rechtes Interesse für Wieland und empfand seine Dichtung als künstlich, waren die Prinzen unterwegs echter, nicht imitierter französicher Grazie begegnet. Zu all dem hatte Carl August Wieland wenig geschrieben. Wieland fühlte sich vernachlässigt. Alles dies schob er auf Görtzens Einfluß und Führung während der Reise.

Doch auch Görtz ging auf Abstand zu Wieland. Er war der Ansicht, der Dichterphilosoph mische zuviel mit bei Weimarer Regierungsfragen und empfand es vor allem als unangebracht, daß er sich auch über zukünftige Personalfragen öffentlich äußerte.

Die beiden ehemals innig miteinander verbundenen Prinzenerzieher verstanden sich nicht mehr. Hinzu kam, daß Knebel, der auf der Reise unter dem Herrschaftsanspruch und Hochmut von Görtz gelitten hatte, sich auf Wielands Seite schlug. Wieland, Knebel und Bertuch gewannen den Eindruck, daß der Görtz blind vertrauende Carl August sich gänzlich an den ehrgeizigen Grafen ausliefere, während er Wieland immer mehr auswich.

Dies alles bewog Wieland, sich radikal gegen Görtz zu stellen, in dem er nun den machthungrigen Ehrgeizling und Ränkeschmied sah. Als Görtz in diesen Tagen anläßlich des Todes seiner Schwiegermutter nach Gotha reiste, führte Wieland eine Aussprache mit Carl August herbei, in der er dem jungen Herzog die Gefährlichkeit und Falschheit seines Hofmeisters vor Augen führte.

Wieland bildete sich ein, Carl August erschüttert zu haben. Doch Carl August blieb seinem Erzieher treu. Es ist möglich, daß Wieland hier im Einverständnis mit Anna Amalia gehandelt hatte, ganz sicher aber in ihrem Sinne.

Was sich genau in diesen Tagen in Anna Amalias Umgebung ereignet hat, läßt sich nicht mehr nachvollziehen. Aber irgendetwas muß Anna Amalia aus der Reserve gelockt haben. Jedenfalls vergaß sie ihre guten Vorsätze und ging zum Angriff gegen Görtz über. Zum letzten Mal trat sie mit dem ganzen Gewicht der regierenden Fürstin auf. Sie beschloß die vorzeitige Entlassung des Grafen Görtz! Natürlich übersah sie bei diesem impulsiven Schritt, daß die zwei Monate später stattfindene Volljährigkeit Carl Augusts eine weitaus elegantere Gelegenheit geboten hätte, Görtz loszuwerden, als die Aufsehen erregende Entlassung.

Unter Verleihung des Ranges eines Wirklichen Geheimen Rates mit dem Titel „Excellenz" und einem jährlichen Ruhegehalt von 1.500 Talern befreite sie sich von dem einst so geschätzten, seit langem aber fast gehaßten Hofmeister ihrer Kinder.

Die Landstände von Weimar, Jena, Eisenach forderte sie auf, Görtz eine Belohnung von 20.000 Talern zu bewilligen.

Freiherr von Fritsch hatte das Entlassungsschreiben aufzusetzen. Diplomatischer und versöhnlicher als Anna Amalia fand er manch lobendes Wort für die Erziehungsarbeit des Grafen. *„Wahrlich mein Gewissen würde zu sehr darunter leiden, wenn ich das unterschreiben sollte"*, ließ die Fürstin ihren Minister wissen. *„Denn ich bin überzeugt, daß Görtz meinen Sohn verzogen hat, und zwar gründlich."*[64] Und Anna Amalia verlangte mit Erfolg die Entfernung mancher lobenden Passage, die Fritsch in Anbetracht der langen, erfolgreichen Erziehungsarbeit hatte einfließen lassen.

Görtz bäumte sich nicht auf, setzte offiziell keinen Widerstand gegen seine Entlassung. Der Titel „Excellenz" schmeichelte ihn, finanziell befand er sich nun in den besten Verhältnissen, und in der Gewißheit der nach wie vor bestehenden Zuneigung seines Zöglings, der bald regierender Herzog sein würde, sah er für sich noch alle Chancen offen.

Innerlich aber war er zutiefst enttäuscht über die vorzeitige Amtsenthebung. Auch war er verbittert, daß Anna Amalias Vater ihm zwar alles Gute für seine Zukunft wünschte und sein Erziehungswerk lobte, nicht aber die Handlungen seiner Tochter verurteilte.

Carl August verhielt sich seiner Mutter gegenüber ruhig und bezeigte ihr zu dieser Zeit viel Liebe und Aufmerksamkeit. Doch war sie sich seiner Gesinnung gerade in Bezug auf Görtz durchaus unsicher: *„Gott gebe, daß er kein Heuchler sei"*[65], schrieb sie an von Fritsch, als die Unterhandlungen ihren Abschluß gefunden hatten.

Schwiegertochter Louise aber war tief enttäuscht über all diese Vorgänge und erbat sich für die Zukunft Görtz als ihren Oberhofmeister. Und Oberhofmeisterin von Prettlack vom Darmstädter Hof rechnete Graf

Görtz vor, daß die jungen Leute in einigen Jahren das Sagen hätten, Görtzens Laufbahn also noch lange nicht abgeschlossen sei.

Carl August übernimmt die Regentschaft

Am Sonntag, den 3. September 1775, wurde Carl August feierlich als Herzog von Sachsen-Weimar-Eisenach vorgestellt.

Anna Amalia kam mit ihren beiden Söhnen am Morgen von Schloß Belvedere in die Residenzstadt. Nach einem Festgottesdienst in der Jakobskirche versammelte man sich im Fürstenhaus, wo die staatlichen, militärischen und höfischen Würdenträger sich im Audienzzimmer versammelt hatten. Hier legte Anna Amalia den Mitgliedern des Geheimen Consiliums und den Spitzen der Behörden die kaiserliche Urkunde vor, wonach Carl August nunmehr nach Vollendung seines achtzehnten Lebensjahres für mündig und regierungsfähig erklärt wurde.

Die höchsten Staatsdiener traten vor den jungen Herzog, bekräftigten durch ihren Handschlag ihre Treue und wünschten Glück und Segen für seine Regierungszeit. Sodann ließ man die Räte und Kavaliere zur Gratulation zu. Auch die Vertreter der Kaufmannschaft durften ein *Glückwunschcarmen*[66] darbieten.

Anschließend fand ein festliches Bankett statt. Die fürstliche Kapelle brachte eine feierliche Kantate vor, deren Musik vom Kapellmeister Wolf stammte und von Wieland getextet war. Überschwenglich feierte hier Wieland die scheidende Herzogin, die *„den Göttersohn geboren"*. Geschickt wußte er die Verdienste Anna Amalias hervorzuheben und gleichzeitig an die Hoffnungen zu erinnern, die mit der *„Morgenröte"* des jungen Herzogs aufzogen. Der eudämonistische Grundklang des Jahrhunderts brach sich Bahn. Ein Ball beendete würdig diesen wichtigen Tag.

Anläßlich seiner Amtseinführung hatte Carl August einige verdiente Staatsdiener befördert. Lebten auch einige der nun Begünstigten in vertrautem Umgang mit dem Grafen Görtz, konnte man doch aus den diversen Beförderungen keine generelle Umgestaltung der bisherigen Regierungspolitik ablesen. Es gab keinen Sieg der einen Hofpartei über die andere. Freiherr von Fritsch blieb auf Anraten seines Vaters im Amt. Von einer Berufung des Grafen Görtz in eine einflußreiche Position war nicht die Rede. Doch übergab Carl August seinem ehemaligen Hofmeister als eine seiner ersten Amtshandlungen ein Geschenk von viertausend Gulden als Ausdruck seiner Dankbarkeit und als Entschädigung für die unfreundliche Verabschiedung durch seine Mutter. Ein weiterer Vertrauensbeweis kam von seiten der Prinzessin Louise. Görtz wurde mit der Vorbereitung des Ehevertrages und der Vermählung beauftragt.

Gegen Ende September machte sich der Bräutigam Carl August auf den Weg zur Hochzeitsfeier. Anna Amalia und Prinz Constantin begleiteten ihn bis Eisenach. Am 3. Oktober fand die Vermählung Carl Augusts mit Prinzessin Louise von Hessen-Darmstadt in Karlsruhe statt.

Für den Weimarer Musenhof war der bedeutendste Nebenerfolg dieser Hochzeit, daß es dem jungen Herzogspaar auf der Rückfahrt in seine Residenz gelang, Goethe zu einem Besuch in Weimar anzustiften. Der bereits weitbekannte junge Dichter folgte der Einladung an den als großzügig und geistvoll geltenden Weimarer Hof nur zu gern. Denn obwohl ihn sein Roman „Werthers Leiden" zum Bestsellerautor gemacht hatte, war er zu dieser Zeit alles andere als zufrieden mit seinen Lebensumständen.

Auf der Flucht vor einer enttäuschten Liebe, seiner schlecht gehenden Anwaltspraxis, Schulden und dem ewig nörgelnden Vater hielt er seit einiger Zeit Ausschau nach einer neuen Betätigung und ergriff erfreut die sich hier bietende Chance.

Am 17. Oktober hielt das junge Herzogpaar seinen Einzug in Weimar. Im Einvernehmen mit Carl August hatte Anna Amalia angeordnet, Festlichkeiten in größerem Ausmaß zu unterlassen. Gerade erst waren die weimarischen Landstände aufgefordert worden, vierzigtausend Taler zu bewilligen, um den außerordentlichen Aufwand dieses Jahres: den Regierungswechsel, die Hochzeit und die Herrichtung des Wittumspalais zu decken.

Dennoch war ganz Weimar auf den Beinen, um das junge Paar zu begrüßen. Prinz Constantin und Begleiter hatten das Ehepaar schon an der Grenze des Weimarer Territoriums willkommen geheißen. Im Wagen der Jungvermählten saßen seither auch Graf Görtz und Freiherr von Dalberg. Vom Erfurter Tor aus ging die Fahrt an Anna Amalias Wittumspalais vorbei zum Markt und dann um die Ecke zum Fürstenhaus. Noch immer lag das eigentliche Schloß, die Wilhelmsburg, in Ruinen.

Im Fürstenhaus wurde das junge Herzogpaar von Anna Amalia und dem gesamten Hofstaat empfangen. Prinzessin Louise zog sich, angeblich von der Reise ermüdet, sogleich in ihre Gemächer zurück und erschien auch nicht zur festlichen Abendtafel. Der Vergleich mit Anna Amalia mag schon damals nicht zu ihren Gunsten ausgefallen sein, obwohl man ihre Bescheidenheit, ihre vornehme Haltung und ihre zarte Gestalt bewunderte.

Als ihren Oberhofmeister wählte Louise, wie angekündigt, den Grafen Görtz. Carl August war klug genug, diese Berufung seiner Mutter erst Ende Oktober 1775 bekannt zu machen. Anna Amalia wurde Görtz also nicht los.[1] Doch besser als in einem hohen Staatsamt war er nach ihrer Meinung in einem Hofamt untergebracht.

Die ersten Wochen unter der neuen Herrschaft verliefen unruhig. Empfänge, Bälle, Konzerte, Ausritte, Jagden, Theateraufführungen wechselte sich ab. Carl August lebte seine offenbar lang angestaute Vergnügungssucht aus. Auch Reisen gehörten zu den Zerstreuungen der Jungvermählten.

Um die Staatsgeschäfte hingegen kümmerte Carl August sich zunächst wenig. Die erfahrenen älteren Geheimen Räte, die schon seiner Mutter gedient hatten, hielten auch weiterhin den Staatsapparat in den gewohnten Bahnen. Reichsfreiherr von Dalberg, immer auf Mäßigung und Beruhigung bei der Beurteilung neuer Konstellationen ausgerichtet, schien recht zu behalten. So ungestüm sich Carl Augusts jugendlicher Lebensdrang auch bei allen gesellschaftlichen Ereignissen äußerte, so legte er zu dieser Zeit bei den entsprechenden Veranstaltungen dennoch größten Wert auf höfische Repräsentation und gute Formen. Vom Einbruch wilder Sitten war bisher ebenso wenig zu bemerken wie davon, daß Carl August in seiner Regierung lieber frische, unternehmungslustige junge Menschen beschäftigte als diese „mittelalterlichen" Herren.

Die Auseindersetzungen um einen neuen Regierungs- und Lebensstil standen noch bevor.

Goethe kommt nach Weimar

Seit Goethe im Morgengrauen des 7. Novembers 1775 im von Kalbschen Haus am Töpfermarkt eingetroffen war, veränderten sich die fürstliche Familie, die Hofgesellschaft und die Weimarer selbst.

Was Carl August letztlich bewogen hatte, Goethe an seinen Hof einzuladen, weiß man heute nicht mehr genau. Auch nicht, ob er bereits zu Beginn der Bekanntschaft daran gedacht hatte, den jungen Dichter auf Dauer an sich zu binden, ihn gar in seine Dienste zu nehmen. Ganz sicher aber wurde Carl August, der nie einen gleich oder ähnlich alten Freund besessen hatte, von dem um einige Jahre älteren, genialen jungen Menschen aufs höchste angezogen und ganz von dem Gedanken erfüllt, eine Zeitlang mit ihm zu leben, sich mit ihm auszutauschen und ihn zu verehren. Auch mag das Vorbild seiner Mutter und ihr Verhältnis zu Wieland eine gewisse Rolle gespielt haben. Sollte es nicht auch ihm gelingen, einen berühmten deutschen Dichter an seinen Hof zu binden?

In „Dichtung und Wahrheit" nennt Goethe die Gründe, die ihn bestimmt hatten, die Einladung nach Weimar anzunehmen. Er spricht hier von der von Anfang an empfundenen Anhänglichkeit gegenüber dem jungen Herzog und seiner Frau. Auch verweist er auf Wieland, der sich ihm gegenüber als großzügig erwiesen hatte, und selbstverständlich nennt er Lili und die Flucht vor seiner unglücklichen Liebe.

Ob Goethe noch weiteres im Sinne hatte, darüber läßt sich nur spekulieren. Zugesagt hatte er nur einen Besuch. Geplant waren nicht mehr als vierzehn Tage. Allerdings ließ er nichts Wichtiges in Frankfurt zurück und nahm alle seine begonnenen Arbeiten mit. Doch ist dies kein hinreichender Beweis für die Absicht, länger in Weimar zu bleiben.

Vom ersten Tag Goethes in Weimar ist bekannt, daß er in Gesellschaft Wielands und anderer bei seinem Gastgeber zu Mittag aß, vermutlich am Nachmittag von Carl August empfangen wurde und abends an einer Freiredoute im festlich geschmückten Saal des Hauptmannschen Hauses an der Esplanade teilnahm.

Am folgenden Tag, einem Mittwoch, lernte er dann auch die Herzoginmutter Anna Amalia kennen, die seiner Ankunft mit Spannung entgegensah, hatte sie doch seine bisher erschienen Werke, vor allem „Werthers Leiden" gelesen und bei ihrem Sohn die Verzauberung gespürt, die von dem jungen Genie ausging. Außerdem hatte sie gerade an diesem Vormittag von Wieland über den „göttergleichen Jüngling" gehört, der sich nun in ihrer Mitte aufhielt. Goethe war an diesem Tag zur Mittagstafel in das Fürstenhaus gebeten worden und hatte nach höfischer Rangordnung als Bürgerlicher an der Marschallstafel Platz genommen. An der benachbarten Hoftafel saßen neben dem regierenden Herzogpaar, Carl August und Louise, auch die „alte" Herzogin Anna Amalia, Prinz Constantin und Graf Görtz.

Anna Amalia hat Goethe von Anfang an ihre Gunst geschenkt. An ihrem kleinen Hof gewann er schnell mit allen dort verkehrenden Personen einen vertrauten, unkomplizierten Umgang. Das lag sowohl an Anna Amalia als auch an Louise von Göchhausen (1752–1807) und nicht minder an dem pièce de résistance dieser Runde, an Wieland. Alle drei besaßen Sinn für Humor, gestatteten Freiheiten, die am Hof unter Herzogin Louises strengem Blick nicht erlaubt waren, und zeigten dem Neuankömmling von Anfang an ihre Zuneigung. Vor allem sorgte Wieland, der von dem genialen jungen Menschen wie verzaubert war, dafür, daß man dessen Unge-

zogenheiten, die Satire „Götter, Helden und Wieland",
in der er sich aggressiv über Wielands Selbstlob seiner
„Alceste" lustig gemacht hatte, schnell vergaß. Daß
Wieland sich auf die Seite Goethes stellte und diesen
trotz offensichtlichen Übermuts und Rücksichtslosig-
keit nicht nur als das größte junge Genie der Zeit, sondern auch als liebenswerten Menschen anerkannte, hat
Goethe manchen Stein aus dem Weg geräumt. Aber auch
Anna Amalia hat mit ihrem untrüglichen Sinn für
menschliche Qualitäten und ihrer klugen Parteinahme
für den Freund ihres Sohnes wesentlich dazu beigetra-
gen, Goethe an Weimar zu binden und Brücken zwischen dem „alten" und „jungen" Weimar zu schlagen.

Schon unter Anna Amalia hatte das Weimarer Hofleben eine gewisse Auflockerung erfahren. Nun aber
hielt der „Sturm und Drang" Einzug in Weimar. Seit
Goethes Ankunft schien ein „böser" Geist über Weimar
zu schweben, der den jungen Herzog verzauberte und
ganz in seinen Bann schlug. Einem Großteil der Hofgesellschaft kam es vor, als verfalle der Hof. Die enge
Bindung der beiden jungen Leute schien unbegreiflich,
Carl August wie umgewandelt. Sein Verlangen nach
immer neuen Erlebnissen, nach neuen Menschen, nach
Selbsterfahrung – die neue ungestüme Lebenssucht war
den Weimarern unheimlich. Auch äußerlich unterschie-
den sich die beiden Freunde von ihrer Umgebung: sie erschienen in Werther-Tracht, gelber Hose und blauem
Rock. Goethe hatte recht, wenn er später schrieb, daß sie
des Teufels Zeug machten und es toll trieben.

Wieviel überschaubarer war das Leben zu Anna
Amalias Zeiten gewesen! Nun war alles anders. Aben-
teuerlust kennzeichnete die veränderte Stimmung und
die höfische Lebensweise. Plötzliche Entschlüsse, Steg-

reifunternehmungen – irrationale Kräfte schienen am Werk.

Bereits einen Monat nach dem Erscheinen Goethes am Weimarer Hof bat Freiherr von Fritsch um seine Entlassung aus seiner bisherigen Stellung und eventuelle Neuverwendung als Regierungspräsident. Im Geheimen Consilium, dem er nun ja schon längere Zeit vorstand, war zwar bisher alles beim alten geblieben, doch mißtraute der Freiherr der Beständigkeit der Situation. Nicht zu Unrecht, denn Carl August wünschte sich seinen Freund als Mitglied des Geheimen Consiliums. In die sich über ein halbes Jahr hinziehende Auseinandersetzung um Goethes Berufung griff schließlich Anna Amalia entscheidend ein.

Das Verhältnis zwischen Mutter und Sohn hatte sich in den vergangenen Monaten grundlegend verbessert und zur alten, liebevollen Vertrautheit zurückgefunden. Anna Amalias Verständnis für das neue Lebensgefühl des jungen Herzogs, ihre mit ihm geteilte Vorliebe für seinen Freund Goethe, die Aufgeschlossenheit, mit der sie im Gegensatz zur jungen Herzogin Louise das Treibem der beiden Freunde beobachtete, hatten die Mutter-Sohn-Beziehung mit neuer Herzlichkeit belebt. Nur zu gern wandte sich deshalb am 13. Mai 1776 Anna Amalia an den Freiherrn von Fritsch, um ihn für die Bitte ihres Sohnes – Fritsch weiterhin als Vorsitzenden des Geheimen Consiliums zu erhalten und dennoch Goethe in diesen Rat aufzunehmen – geneigt zu stimmen. In diesem Brief bringt Anna Amalia ihre positive Beurteilung Goethes und auch ihre Hochschätzung für von Fritsch sehr geschickt zum Ausdruck. Hier heißt es:

„Sie kennen die Gesinnungen, die ich für Sie hege, und eben diese sind es, die mir die Feder in die Hand

drücken, um Sie zu beschwören, einer Freundin Gehör zu schenken, die nur das Beste will. Mein Sohn, der Herzog, hat mir das Vertrauen bewiesen, mir die Korrespondenz zu zeigen, die zwischen ihm und Ihnen stattgefunden hat, in Betreff der neuen Einrichtungen, die gemacht werden müssen; ich ersehe daraus mit Schmerz, daß Sie die Absicht haben, meinen Sohn zu verlassen und dies in einem Augenblick, wo er Ihrer am nothwendigsten bedarf; die Gründe, welche Sie anführen, haben mich tief bekümmert, sie sind eines geistreichen Mannes wie Sie, der die Welt kennt, nicht würdig; Sie sind eingenommen gegen Goethe, den Sie vielleicht nur aus unwahren Berichten kennen oder den Sie von einem falschen Gesichtspunkt aus beurtheilen. Sie wissen, wie sehr mir der Ruhm meines Sohnes am Herzen liegt, wie sehr ich darauf hingearbeitet habe und noch täglich arbeite, daß er von Ehrenmännern umgeben sei; wäre ich überzeugt, daß Goethe zu diesen kriechenden Geschöpfen gehörte, denen kein anderes Interesse heilig ist als ihr eigenes und die nur aus Ehrgeiz thätig sind, so würde ich die Erste sein, gegen ihn aufzutreten. Ich will Ihnen nicht von seinen Talenten, von seinem Genie sprechen; ich rede nur von seiner Moral, seine Religion ist die eines wahren und guten Christen, die ihn lehrt, seinen Nächsten zu lieben und es zu versuchen ihn glücklich zu machen; das ist doch der erste hauptsächlichste Wille unseres Schöpfers. Aber lassen wir jetzt Goethe, und reden wir von Ihnen.

Gehen Sie in sich, mein Freund; Sie, der Sie so religiös, so gewissenhaft sind, können Sie einen jungen Regenten verlassen, der Vertrauen zeigt in Ihre Talente und in Ihre Herzensgüte, noch dazu in einem Augenblicke, wo Sie ihm so nothwendig sind, und das (erlauben Sie, daß ich es Ihnen sage) nur einer unrichtigen Idee wegen, die Sie

Sich in den Kopf gesetzt haben. Sie sagen, man würde meinen Sohn überall tadeln, wenn er Goethe in das Conseil setze; aber wird man Sie nicht auch tadeln, Sie der Sie den Dienst meines Sohnes einer so geringfügigen Ursache wegen verlassen? Machen Sie Goethes Bekanntschaft, suchen Sie ihn kennen zu lernen; Sie wissen, daß ich meine Leute erst gehörig prüfe, bevor ich über sie urtheile, daß die Erfahrung mich in solcher Bekanntschaft vielfach belehrt hat und daß ich dann ohne Vorurtheil richte; glauben Sie einer Freundin, die Ihnen wahrhaft zugethan ist, sowohl aus Dankbarkeit wie aus Anhänglichkeit. Selbst wenn der Herzog, mein Sohn, einen übereilten Schritt gethan hätte, haben Sie dann nicht hinlänglich Ihre Pflicht gethan, wenn Sie darauf aufmerksam machten, – und wenn er darauf besteht, ist das dann Ihr Fehler? Mich dünkt, die Welt würde es Ihnen verargen, wenn Sie einen Fürsten verlassen, der Ihrer Einsicht, Ihrer Rechtschaffenheit bedarf; urtheilen Sie selbst, ob sich das verträgt mit der Religion, die Sie bekennen. Noch einmal, gehen Sie in Sich; ich kenne Sie als dankbar; ich bitte Sie aus Liebe für mich, verlassen Sie meinen Sohn nicht unter diesen Umständen; ich rathe es Ihnen und ich bitte Sie darum, eben so aus Liebe für meinen Sohn wie aus Liebe für Sie.

Ich bin mit aller möglichen Freundschaft
Ihre sehr wohlgewogene Freundin
Amalia
am 13. May 1776"[67]

Währenddessen war Graf Görtz als Oberhofmeister bei Herzogin Louise tätig und mußte mitansehen, wie sich sein ehemaliger Zögling immer mehr von ihm entfernte und sich Goethe verschrieb. Von Woche zu Woche wurde die Vormachtsstellung Goethes bei Carl August und damit am Weimarer Hof deutlicher. Die Furcht der Hofschranzen, daß sich unter Goethes Einfluß der Hof verändern werde, schien berechtigt. Bald strebte deshalb Graf Görtz seine Entlassung aus dem Amt an und begab sich auf Reisen, um eine neue Aufgabe zu suchen, die er auch ein Jahr später in preußischen Diensten fand.

Nach einiger Zeit der Anwesenheit Goethes häuften sich für die Weimarer die Anzeichen, daß dieser seine Gesinnungsgenossen, die jungen Genies des Sturm und Drang, nach sich ziehen werde. Man konnte fast den Eindruck gewinnen, als versuche er, seine Freunde am Weimarer Hof angemessen unterzubringen und so an Einfluß zu gewinnen. Vier Wochen nach Goethes Ankunft reisten die Grafen Stolberg an, und Carl August offerierte Fritz Stolberg eine Kammerherrnstellung. Im Frühjahr 1776 folgte Jakob Michael Reinhold Lenz und machte sich selbst bei der geduldig und auch belustigt zusehenden Anna Amalia durch sein überspanntes Gehabe unbeliebt. Zur gleichen Zeit logierte Friedrich Maximilian Klinger in Weimar und hoffte, ähnlich wie sein Vorbild Goethe, hier ein Amt zu erwerben.

Auch, wenn alle diese jungen Genies nach Wochen oder Monaten wieder von dannen zogen, für die Weimarer entstand der Eindruck, als habe sich durch Goethes Anwesenheit die Zahl der schmarotzenden Glücksritter am Hof vermehrt.

Nicht Anna Amalia, die das Treiben der beiden Freunde und ihres Anhangs – mit dem sie in jedem Falle bekannt gemacht wurde – geduldig, ja auch amüsiert beobachtete, sondern Klopstock rief die jugendlichen Herrscher über Weimar in ihre Schranken. Vergeblich zwar, doch immerhin mit gewisser Unverfrorenheit machte er Goethe für das Sturm- und Dranggehabe in Weimar verantwortlich, von dem inzwischen das ganze literarisch interessierte Deutschland sprach. In seinen Briefen streute er Mißmut über alle, die sich dem neuen Weimarer Kurs willig überließen, auch über Anna Amalia. Voller Eifersucht und Schmerz klagte er Goethe an, die Gesundheit und das häusliche Glück Carl Augusts zu untergraben. Dieses Schreiben, das Goethe Carl August vorlegte, festigte jedoch eher seine Position. Die beiden Freunde verbaten sich kurz, knapp, höflich, aber eindeutig in getrennten Schreiben alle Einmischungen.

Anna Amalia aber reagierte auf die Veränderungen in ihrer unmittelbaren Umgebung ganz anders. Es war geradezu so, als hole sie ihre eigene, nicht gelebte Jugend nach. Von Anfang an hatte Goethe bei ihr eine Sonderstellung, zog sie den geistvollen jungen Menschen gern in ihren Kreis. Nicht nur, daß sie sich stets offen zu dem jugendlichen Freundespaar bekannte, sie billigte auch seine für die Philister[68] oft sonderbaren Unternehmungen: die wilden Ausritte, die Übernachtungen im Freien, die Dorfgasthofbesuche, die nächtlichen Zechgelage, die Frühstücke auf dem zugefrorenen See usw.

Auch stellte sie sich bei den Verhandlungen zur Berufung Herders als Nachfolger für den seit 1771 vakanten Posten des Superintendenten und Stadtpfarrers von Weimar ganz eindeutig auf die Seite Carl Augusts und Goethes. Sie teilte die theologischen Vorurteile gegenüber Herders freien religiösen Vorstellungen ebensowenig wie die Angst vieler Höflinge vor der Konzentration von Macht durch Herder und Goethe. Im Gegenteil! Unterstützt durch ihre Schwiegertochter Louise, die seit ihrer Jugendzeit in Darmstadt mit Herder vertraut war, sah sie in der Berufung Herders die Chance zu einer wesentlichen Erneuerung des geistlichen Lebens in der Residenzstadt. Mit Hilfe von Carl August, aber auch dank der öffentlichen Unterstützung Anna Amalias und Louises gelang es Goethe, Herder den Weg nach Weimar zu ebnen. Im Januar 1776 wurde dem Weimarer Oberkonsistorium befohlen, Herder eine Stelle als Oberhofprediger und Generalsuperintendent unter der Verleihung des Titels u.a. des Oberkonsistorialrates und Kirchenrats anzubieten. Als man später die Unterzeichnung der Anstellungsurkunde von Seiten der Kirchenverwaltung zu verschleppen suchte, befahl Carl August, ihm diese sofort zur Unterschrift zuzusenden.

Die gleichzeitige Berufung Goethes und Herders in der ersten Hälfte des Jahres 1776 in hohe Ämter Weimars war die erste Frucht eines neuen Politikstils. Entscheidendes war geschehen! Carl August hatte sich als Fürst ausgewiesen, der es ernst mit seinen Kulturverpflichtungen nahm und der sie auch gegen die Widerstände seiner Umgebung durchzusetzen gewillt war. Anna Amalia, obwohl nicht mehr in verantwortlicher Position, hatte hierzu ihren Beitrag geleistet, indem sie vermittelnd, klarstellend, großzügig und weitreichend denkend diesen neuen Kurs unterstützte und ihm den Weg ebnete.

„Mit der Herzogin Mutter habe ich sehr gute Zeiten", hatte Goethe am 14. Februar 1776, also bereits nach drei Monaten Anwesenheit in Weimar an seine Freundin Johanna Fahlmer geschrieben.

Viel deutlicher noch als durch das Revirement, das Carl August in der Regierung vornahm und das alte mit neuen Kräften verband, fiel der neue Kurs Weimars in kulturellen Belangen auf: Goethes Stern ging über Weimar auf! Die folgenden Jahrzehnte sollten zeigen, wie eng die Verbindung zwischen Goethe und Weimar sich gestaltete.

Den vermittelnden Einfluß Anna Amalias gerade zu Beginn seiner Weimarer Zeit hat Goethe stets dankbar beurteilt. Von Anna Amalia behauptete er rückblickend zu Kanzler Müller am 8. Juni 1821, sie habe die zahlreichen Gegenströmungen, die ihn zu behindern suchten, immer „freundlich auseinanderzuhalten gewußt".

Als anpassungsfähiger Mensch hat Anna Amalia, anders als ihre Schwiegertochter Louise, die durch ihre Zurückhaltung und Steifheit Gefahr lief, Carl August an seine neuen Freunde zu verlieren, die neuen Gemeinsamkeiten mit ihrem Sohn geradezu gepflegt und sich damit auf die Seite der Jugend und des Fortschritts gestellt. Anna Amalia und ihr enger Kreis – der Dichterphilosoph Christoph Martin Wieland, der ob seiner Beliebtheit „l'ami" genannte Friedrich Ferdinand von Einsiedel (1750–1828), der Hofmeister ihres Sohnes Constantin Carl Ludwig von Knebel, die geistreiche Louise von Göchhausen und das künstlerische Multitalent Siegmund Freiherr von Seckendorff (1744–1785) waren bereit, die Veränderung des Denkens, Fühlens und Handelns, den ganzen neuen Lebensstil, der nun in Weimar herrschte, mitzutragen.

Das Liebhabertheater

Die gerade sechsunddreißigjährige Anna Amalia nannte man nun „Herzogin Mutter" oder auch die „alte" Herzogin. Dabei hatte sie sich weder äußerlich noch innerlich verändert und bestach durch Frische und Jugendlichkeit.

Ein Zeitgenosse beschrieb sie folgendermaßen:

„*Sie ist klein von Statur, sieht wohl aus, hat eine spirituelle Physiognomie, eine braunschweigische Nase, schöne Hände und Füße, einen leichten, doch majestätischen Gang, spricht sehr schön, aber geschwind und hat in ihrem ganzen Wesen viel Angenehmes und Einnehmendes.*"[69]

Die „*sorgenfreiste Abteilung*" ihres Lebens hat Goethe den nun beginnenden einunddreißig Jahre umfassenden Lebensabschnitt Anna Amalias genannt. Und in der Tat, nachdem sie trotz gelegentlichen Überdrusses gern regiert und sich auch nicht allzu bereitwillig hatte die Zügel aus der Hand nehmen lassen, fand sie sich auch ohne Regierungsverantwortung sehr schnell hervorragend zurecht.

Anna Amalia war ein Mensch voller Vorstellungsgabe und Tatkraft. Passivität war nicht ihre Sache. Nun, nachdem die Regentschaft geendet, ihre Unterbringung und auch die finanziellen Fragen zu ihrer Zufriedenheit geregelt waren, wandte sie sich mit Schwung und Energie neuen Aufgaben zu. Voll Enthusiasmus suchte sie ihren Traum zu verwirklichen: im Kreise von Gleichgesinnten sich nur noch den Fragen von Kunst und Wissenschaft zu stellen und malend, schreibend, musizierend tätig zu werden.

Wie schon während ihrer Regentschaft lebte Anna Amalia auch jetzt umgeben von vielen, ihr nahestehenden Menschen.

Ihre bisherigen Ratgeber, der Freiherr von Fritsch in Weimar, der Kurmainzer Statthalter von Dalberg in Erfurt und der Herzog von Gotha blieben ihr freundschaftlich verbunden.

Enger gestaltete sich in diesen Jahren ihr Umgang mit den führenden Persönlichkeiten ihres eigenen kleinen Hofs: mit dem Hofmarschall von Putbus[70] und nach dessen frühen Tod mit dem Hofmarschall von Einsiedel, dem Kammerherrn von Seckendorff, ihrer Hofdame Louise von Göchhausen und letztlich – alle anderen Bindungen übertreffend – mit Christoph Martin Wieland. Alle diese Getreuen waren wie Anna Amalia von der Notwendigkeit geistigen Lebens überzeugt und verlangten nach einer musisch geprägten Umgebung.

Zu einer wahren Adjutantin Anna Amalias entwickelte sich Louise von Göchhausen, die einfallsreich und aktiv ihre eigenen und Anna Amalias Ideen realisieren half und die musische Entwicklung am Weimarer Hof vorwärts trieb. Sie blieb bis zu Anna Amalias Tod fest an ihrer Seite. Klein, geistvoll, häßlich, großzügig, witzig-spottlustig und verwachsen wurde sie nicht nur von Anna Amalia, sondern der ganzen Hofgesellschaft hochgeschätzt. Die Grafen Stolberg nannten sie wegen ihres „wehrhaften Mund- und Schreibwerks" nach der Frau Armin des Cheruskers „Thusnelda", Wieland hingegen „Gnomide", Anna Amalia „Thusel" oder „Thuselchen".

Seit Carl Augusts Regierungsantritt bewohnte Anna Amalia das sogenannte Wittumspalais, zunächst noch mit Prinz Constantin, dem sie wenig später das Jägerhaus und das Pachtgut Tiefurt überließ.

Das Wittumspalais hatte sich Freiherr von Fritsch auf dem Boden eines alten Franziskaner-Klosters 1768 in der Nähe des Erfurter Tors erbauen lassen. Großzügig hatte er es Anna Amalia nach dem Brand der Wilhelmsburg 1774 zur Nutzung angeboten und war selbst mit seiner Familie in das Haus am Frauenplan gezogen, das später Goethe bewohnte.

Dieses geräumige, doch nicht aufwendige Palais gestaltete sich Anna Amalia passend zu ihren Lebensbedürfnissen. Neben repräsentativen Räumen wie dem Blauen Salon und dem Festsaal – geeignet für größere Veranstaltungen – gab es eine Reihe von Räumen, die entsprechend Anna Amalias künstlerischen und gesellschaftlichen Ambitionen genutzt wurden.

Im ersten Stock befanden sich neben einigen Salons das Lese- und Speisezimmer, das als „Tafelrundenzimmer" in die Geschichtsbücher eingegangen ist, aber auch die drei Räume, die zum Schreiben, Malen und Musizieren genutzt wurden und das mit grüner Seide bespannte schmale Schlafzimmer, in dem in einem Alkoven noch heute Anna Amalias Bett mit dem Strohsack zu sehen ist.

Der Mode der Zeit entsprechend hatte die Herzogin ihre Wohnräume im Stil der begüterten Bürgerschicht möblieren lassen. Harmonie im Detail und im ganzen zeichneten sie aus. Professor Oeser (1717–1799) aus Leipzig hatte die farbliche und dekorative Gestaltung der Decken und Wände betreut, aber auch die Möbel und Kunstgegenstände ausgewählt. Entsprechend ihrer Funktionen waren die Räume möbliert: Im Blauen Salon und im Festsaal herrschte spätes Rokoko vor, im Wohnbereich Louis-Seize und Empire.

Wie es dem regierenden Herzog zustand, wählte Carl August für sich und Herzogin Louise Schloß Belvedere zum Sommersitz. Anna Amalia hatte er für die Sommermonate das von dichten Wäldern umstandene Schloß Ettersburg auf dem Ettersberg überlassen. Hier verbrachten sie und ihr Hofstaat von 1775 bis 1781 die wärmere Jahreszeit.

Im Wittumspalais, in den Schlössern Ettersburg und Tiefurt lebte von nun an die Privatiere Anna Amalia in einer fast philosophisch zu nennenden Zurückgezogenheit vom Tagesgeschehen und widmete sich ausschließlich der Pflege von Kunst und Wissenschaft und dem Genuß der Natur.

Auf ihre Umgebung wirkte sie heiter und gelöst, ohne jeden Ehrgeiz, sich noch einmal an Regierungsgeschäften zu beteiligen. Vermittelnd stand sie zwischen der Generation des vergangenen und des sich bahnbrechenden neuen Weimars, das nun unter Carl August und Goethe entstand. Blättert man in ihren in den Landesarchiven aufbewahrten Präparationen des Englischen, Griechischen, Italienischen, Lateinischen, liest man ihre zahlreichen Aperçus, befaßt man sich mit ihren Übersetzungen poetischer oder wissenschaftlicher Arbeiten oder ihren Notenabschriften und nicht zu vergessen mit ihrem Briefwechsel, so kommt man zu dem Schluß, daß sie sich mit Genuß der Welt des Geistes und der Poesie zugewandt haben muß, diese Hinwendung aber auch mit großem Fleiß und Ernst betrieb.

Bei ihren Studien und künstlerischen Betätigungen standen ihr immer ausgesuchte Fachleute oder hilfsbereite Freunde zur Seite, so beispielsweise bei der Lektüre griechischer und lateinischer Texte Wieland oder der Philologe Villoisin, den Carl August einst in Paris kennengelernt hatte. Bei ihren Malstudien unterwies sie der Goethe-Freund Professor Oeser aus Leipzig, der sich wochenlang bei ihr als Gast aufhielt. Ihre musikalischen Aktivitäten und musiktheoretischen Erörterungen wurden von Kapellmeister Wolf oder von Seckendorff unterstützt, und in allen Fragen der bildenden Kunst, vor allem bei Ankäufen, die sie nach der Zerstörung der Wilhelmsburg unternahm, um wieder eine Kunstsammlung aufzubauen, beriet sie der Darmstädter Kriegszahlmeister Johann Heinrich Merck.

Anna Amalia besaß das Talent, Menschen in ihren Bann zu ziehen und geistig ähnlich Interessierte um sich zu scharen. Darüber hinaus aber verstand sie es, die literarischen Genies ihrer Epoche an sich und den Weimarer Hof zu binden. Goethe, Wieland, Herder und später auch Schiller (1759-1805) lebten in bestem Einvernehmen mit ihr. Dies gelang vermutlich nur, weil Anna Amalia einen hohen Respekt vor der Einmaligkeit dieser Persönlichkeiten hatte und jeden von ihnen, so wie er war, zu würdigen wußte. Darüber hinaus stellte sie einen freundschaftlich familiären Kontakt auch zu deren Familien her.

So sehr Anna Amalia bei ihren Auftritten in der Öffentlichkeit eine auf Einhaltung der Formen bedachte Rokokofürstin war, die beispielsweise auf der Esplanade mit vorauseilendem Hofmarschall, Pagen, Heiducken[71] und Zwerg auftrat, so frei und ungezwungen gab sie sich im privaten Umgang mit den um sie versammelten Geistesgrößen. Die ganze herzogliche Familie verhielt sich den Weimarer Berühmtheiten gegenüber als seien diese ihresgleichen. Standesschranken schienen nicht zu existieren. Geist und Talent standen höher als der Rang der Geburt. Als Patin einiger Wielandscher und Herderscher Kinder, als Verbündete der Dichterfrauen, als Briefpartnerin von Goethes Mutter Aja gelang es Anna Amalia, stets eine familiär vertraute Atmosphäre zu schaffen. Mit viel Phantasie und Taktgefühl wußte sie zu schenken und zu fördern.

Weder Friedrich der Große noch Joseph II. haben es je verstanden, ihre Höfe zu derart gastlichen Stätten für die bürgerlichen Genies zu machen. In Weimar gelang dies mit bescheidenen Mitteln. Auch das war Anna Amalias Verdienst!

Für die Herzogin stand im ersten Lebensabschnitt ihres neuen Daseins (1775–1782) zunächst das Liebhabertheater im Mittelpunkt ihrer künstlerischen Bemühungen. In der Mitte des achtzehnten Jahrhunderts war es weit verbreiteter Brauch, festliche gesellschaftliche Zusammenkünfte durch dramatische Spiele und Belustigungen zu bereichern. Die Mitglieder einer bei solchen Gelegenheiten auftretenden Liebhabertruppe waren gleichermaßen Darsteller wie Zuschauer.

Schon seit vielen Jahren fanden derartige Aufführungen in Weimar statt, nicht nur in der höfischen Gesellschaft, sondern auch in Bürgerkreisen, selbst bei den Jenaer Studenten. Auch glänzte eine Kindertruppe mit ihren Darbietungen. Unter der Leitung des Grafen Putbus spielte eine höfische, vornehmlich in Französisch agierende Darstellergruppe, unter der Leitung Bertuchs[72] eine nicht minder erfolgreiche Bürgertruppe, die sich des Deutschen bediente. Goethe gelang es, eine aus Adeligen und Bürgern gleichermaßen besetzte Truppe zum Erfolg zu führen.

Der Brand der Wilhelmsburg hatte 1774 auch das Weimarer Hoftheater vernichtet. Die Residenzstadt besaß nun keine angemessene Spielstätte mehr. Die Seylersche Truppe war am verwandten Gothaer Hof untergekommen.

Die Freude am Theaterspiel war aber in Weimar ungebrochen, und so lag es nahe, aus der Not eine

Tugend zu machen und das Liebhabertheater zu gründen, das die professionellen Auftritte ersetzen sollte.

Über Anna Amalias Theaterbesessenheit gab es nie einen Zweifel. Der Mitarbeit ihrer begeisterungsfähigen Hofdame Louise von Göchhausen konnte sie sicher sein, Goethes Regie- und Schauspielkunst stand stets zur Verfügung. Und von zahlreichen Weimarer Mitgliedern der Hofgesellschaft wußte man, daß sie mit Begeisterung jede Gelegenheit nutzen würden, endlich auch einmal selbst auf den Brettern zu stehen.

Vom Herbst 1775 an fanden Vorbereitungen für diese Liebhaberaufführungen statt, im Winter und Frühjahr 1776 brachte das Triumvirat Anna Amalia, Louise von Göchhausen und Goethe bereits im Redoutensaal das Maskenspiel „Die Versuchung des Heiligen Antonius", später Cumberlands „Westindier" und am 4. Juni 1776 Goethes „Erwin und Elmire" mit Anna Amalias Melodien zur Aufführung.

Die Aufführungen des Liebhabertheaters fanden ab Winter 1776 in Redoutenhaus des ehemaligen Hofjägers Hauptmann an der Esplanade und im Sommer zunächst im Freien in der Nähe der Ettersburg statt. Ab 1778 bediente man sich des kleinen Theatersaals in der Ettersburg, der zu diesem Zweck eingerichtet worden war.

Während im Redoutensaal die Bürger freien Zutritt fanden, richteten sich die Aufführungen in der Ettersburg an ein ausgewähltes Hofpublikum.

Vieles war zu durchdenken und zu organisieren: die Spielpläne, die Stückeauswahl, die Rollenverteilung, die Kostüme, Dekorationen, Requisiten, die Zusammenarbeit mit den Hofmusikern, Bühnenarbeitern, die Proben. Die Leitung des Liebhabertheaters verlangte   127

Umsicht und Organisationstalent. Carl August bat deshalb im Herbst 1776 Goethe darum, die Intendanz zu übernehmen. Wer nur halbwegs Talent zum Singen oder Spielen hatte, wurde zur Mitarbeit aufgefordert. Die fürstliche Familie ging in allen Bereichen mit guten Beispiel voran. Anna Amalia war hier in jedem Sektor beratend und mitgestaltend tätig, aber auch Carl August, Louise und Constantin waren eifrige Mitwirkende und in zahlreichen Rollen auf der Bühne zu bewundern.

Carl August finanzierte das ganze, Bertuch, sein Schatullier, verwaltete die Gelder, und auch Anna Amalia steuerte manches aus eigener Tasche bei.

Bei den Aufführungen überwog das Komödiantische. Meist waren die aufgeführten Schauspiele, Singspiele und Ballette heiter und scherzhaft. Zerrspiegelhaft nahm man auf die Mängel der eigenen Umgebung Bezug. Oft belustigte man sich auch über die Götter- und Heldenvorstellungen der Vergangenheit. Neben ehrgeizigen Eigenproduktionen der Weimarer Höflinge wurden vornehmlich italienische oder französischen Stücke aufgeführt, die sich durch Eleganz und Leichtigkeit auszeichneten.

Neben der ernsthaften Theaterarbeit aber waren die Proben willkommene gesellschaftliche Ereignisse für jung und alt. Die Einstudierungen fanden meist in den Privathäusern der Mitspielenden statt, so zum Beispiel im Wittumspalais, bei Musäus, bei Charlotte von Stein[73] (1742–1827), bei Seckendorff, um nur einige zu nennen. Wurde ein Goethestück aufgeführt, so öffnete auch dieser seine Türen. Im allgemeinen kam man mit sechs bis acht Proben aus, wobei zumindest die letzte auf der Bühne abgehalten wurde. Bei den Proben wurden Erfrischungen gereicht wie Kaffee, Wein und Punsch. Fanden die Proben

19. Anna
Amalia im
Masken-
kostüm,
um 1785 (von
J.E. Heinsius)

20. Johann Carl August Musäus, Literat, Hofmeister an der Pagenschule und Professor am Gymnasium von Weimar

21. Christoph Martin Wieland, Dichter, Philosoph, Prinzenerzieher und
Vertrauter Anna Amalias

22. Johann Wolfgang von Goethe (1749–1832)

23. Johann Gottfried Herder, Theologe, Schriftsteller, Essayist

24. Friedrich Schiller (1759–1805)

25. Rokokosaal in der Anna Amalia Bibliothek

26. Oben:
Festsaal im
Wittums-
palais

27. Links:
Schlafzim-
mer Anna
Amalias im
Wittums-
palais

28. Rechts:
Musik-
zimmer im
Wittums-
palais

29. Unten:
Tafelrunden-
zimmer im
Wittums-
palais

30. Abendkreis der Herzogin Anna Amalia. Von links: H. Meyer, Frau von Fritsch, Goethe, Einsiedel, Anna Amalia, Elisabeth, Charles und Emily Gore, Louise von Göchhausen und Herder

31. Aufführung der „Fischerin" in Tiefurt, 1782 (Aquarell von G.M. Kraus)

32. Louise
Auguste, Her-
zogin von Wei-
mar, um 1795
(von J.F.A.
Tischbein)

33. Luise von
Göchhausen,
Erste Hofdame
Anna Amalias
von 1783–1807
(Zeichnung
von Goethe)

34. Angelica Kauffman, Malerin, Freundin Anna Amalias und Goethes

35. Anna Amalia mit ihrer Begleitung im Park der Villa d'Este in Tivoli während ihrer Italienreise 1788–1790

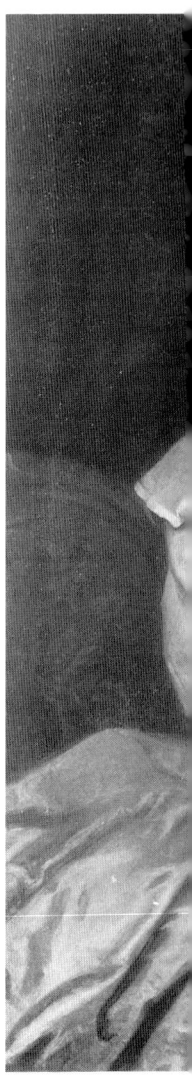

36. Anna Amalia, 1798 (von J.F.A. Tischbein)

37. Anna Amalia aufgebahrt auf dem „Paradebette" im Wittumspalais am
13. April 1807

abends statt, so blieb die Gesellschaft meist bis weit in die
Nacht hinein zusammen und war längst nicht nur mit
Theaterfragen beschäftigt. Die Aufführungen selbst krön-
te meist ein Souper und anschließender Ball.

In den Blütejahren des Liebhabertheaters waren
Anna Amalia, Louise von Göchhausen und Goethe die
treibenden Kräfte dieses theatralischen Unternehmens.
Da aber sowohl Seckendorff, Einsiedel und Bertuch
gerne bereit waren, bei den Inszenierungen zu helfen,
übernahm Goethe mit dem Amt des Intendanten keine
ihn allzu belastenden Pflichten. Mehr oder minder lief
das Theater von selbst. Dennoch war er es, der in diesen
Jahren am entscheidensten zum Gelingen des Liebhabertheaters beitrug, trat er doch zusätzlich auch als
Dichter, Regisseur, Schauspieler hervor.

Neben den zahlreichen Stücken anderer Verfasser –
man spricht von sechzig Inszenierungen in den Jahren
zwischen 1775 und 1782 – trugen folgende Stücke Goethes zum Ruhme des Weimarer Liebhabertheaters bei:
1776 das Singspiel „Erwin und Elmire", zu dem Anna
Amalia zusammen mit Seckendorff die Musik komponierte (und mit den beiden Liedern „Ein Veilchen auf der
Wiese stand" und „Ihr verblühet süße Rosen, meine
Liebe trug euch nicht" großen Erfolg hatte), und „Die
Geschwister", in dem Goethe eine Hauptrolle über-
nahm; 1777 mit „Die Mitschuldigen", in dem zum ersten
Mal die Berufsschauspielerin Corona Schröter auftrat,
und „Lilli" zu Ehren der Herzogin Louise; 1778 „Der
Triumpf der Empfindsamkeit" und das Erfolgsstück
„Das Jahrmarktfest von Plundesweilen", zu dem wieder-
um Anna Amalia musikalisch beitrug; 1779 kamen noch
„Die Laune des Verliebten", 1780 „Jery und Bätely" und
„Die Vögel" nach Aristophanes hinzu.

Zweifellos war der Höhepunkt des Liebhabertheaters die Uraufführung der „Iphigenie" am 6. April 1779 mit der Rollenverteilung: Orest – Goethe, Iphigenie – Corona Schröter, Pylades – Prinz Constantin, Thoas – Knebel, Arkas – Seidler. Das Stück wurde noch im selben Jahr dreimal, jedesmal in leicht veränderter Besetzung, mit großem Erfolg aufgeführt.

Selbstverständlich gab es auch nach diesen Höhepunkten in den folgenden Jahren noch eine Reihe von bewegenden Theateraufführungen. Doch ganz allmählich verringerte sich der Enthusiasmus, erlahmten Schwung und Begeisterung.

Goethe wurden die Wegebaudirektion und die Kriegskommission übertragen. Seine Interessen wandten sich anderen Gebieten zu.

Im streng höfisch ausgerichteten Kreis um die Ettersburg hielt sich die Theaterlust noch am längsten. Von Einsiedels Walddrama „Adolar und Hilarie", das zu nächtlicher Stunde 1780 im Klosterholz zu Ettersburg stattfand, über die „ombres chinoises" – Schattenspiele, bei denen Schattenbilder von Pappfiguren auf ein Laken projiziert wurden –, bis hin zu der Aufführung des Wald- und Wasserdramas „Die Fischerin", das 1782 zur Nachtzeit im tiefen Park an der Ilm aufgeführt wurde und in zauberischer Weise die Natur einbezog, fand noch manch aufsehenerregender und ungewöhnlicher Theaterabend statt. Doch wurden auch hier die Aufführungen immer kürzer. Selbst Anna Amalia konnte dem zunehmenden Desinteresse kaum etwas entgegensetzen.

Als der ehemalige Hofjäger und Unternehmer Hauptmann Anfang 1779 erkannte, daß sein Redoutensaal an der Esplanade den Anforderungen nicht mehr genügte, daß die kleine Bühne von elf Fuß Breite und sechs Fuß Tiefe mit den festgenagelten Kulissen nicht mehr ausreichte und um die Erlaubnis bat, sein Haus in Wohnungen für Herrschaften vom Stande umzubauen, faßten Anna Amalia und Carl August den Entschluß, ihm den Bau des ersten Weimarer Comödienhauses zu gestatten und ihn finanziell zu unterstützen.

Gegenüber dem Wittumspalais fand sich der geeignete Platz. Am 7. Januar 1780 wurde dort die erste Vorstellung abgehalten, und bald danach fanden die Aufführungen des Liebhabertheaters in diesem neuen Saal statt.

Da nun eine geeignete Spielstätte vorhanden war, konnte man sich wieder nach einer professionellen Schauspieltruppe umsehen. Ab 1783 erhielt die Theatertruppe des Joseph Bellomo die erbetene Spielerlaubnis. Das Weimarer Liebhabertheater hatte seine Aufgabe erfüllt.

Schloß Tiefurt und das Tiefurter Journal

Am 26. März 1780 starb in Braunschweig Carl I. Mit ihm verlor Anna Amalia nicht nur einen guten Vater, sondern auch einen ihrer besten Ratgeber. Für Anna Amalia war die Beisetzungsfeier der Anlaß für einen Aufenthalt in ihrer Heimat. Auf der Rückreise kehrte sie in Frankfurt bei Goethes Eltern ein. Doch kürzte eine Krankheit des alten Rats den Aufenthalt ab.

Wieder in Weimar, beschloß Anna Amalia, ihren Sommersitz von der Ettersburg nach Tiefurt zu verlegen. Das ehemalige Pachtgut, das eine Stunde Wegs von der Weimarer Residenz entfernt lag, zog sie und viele Mitglieder des Hofes seit langem an. Noch wohnten dort Prinz Constantin und sein Erzieher Knebel.

Malend, schreibend und vor allem musizierend hatten Constantin und sein Hofmeister drei Jahre (1778–1781) dort verbracht. Der leicht maniriert wirkende zweite Sohn Anna Amalias hatte zwar immer am Weimarer Hofleben teilgenommen, doch wußte man nie genau, ob er dort eine ernsthafte Einbindung anstrebte oder den Verpflichtungen lieber aus dem Weg gehen und sich nach Tiefurt zurückziehen wollte. Seine romantische Verbindung zu einer jungen Adeligen hatte Anna Amalia kategorisch unterbunden. Das gäbe nur „*Bettelprinzen*", soll sie mit Blick auf die Vermögensverhältnisse Caroline von Iltens gesagt haben. Sie überließ es Goethe, die Tränen der jungen Dame zu trocknen und ihren schmollenden Sohn zu besänftigen.

1781 brach Constantin zu einer lange erwünschten zweijährigen Reise nach Zürich, Paris und London auf. Seit längerem war er seines Erziehers Knebel überdrüssig. Unerwartet für den Hof, hatte er sich als Reisebegleiter seinen ehemaligen Mathematiklehrer Albrecht ausgesucht.

Bei seiner Rückkehr 1783 begleiteten den jungen Prinzen eine Französin und eine Engländerin – beide schwanger. Der Hof war entsetzt, Carl August empört, Knebel zweifelte an seinen Erziehungskünsten. Goethe übernahm wiederum die undankbare Aufgabe, die Affäre zu einem diskreten Ende zu führen.

Doch Prinz Constantin sollte nicht weiter ein Problem für den Hof bleiben. Man suchte und fand eine ihm zusagende militärische Aufgabe. 1784 trat er in die kursächsischen Dienste als Obristleutnant ein, wurde Generalmajor und nahm 1792 an der Campagne in Frankreich teil und 1793 an der Belagerung von Mainz.

Tiefurt nahm Anna Amalia 1781 nach Constantins Abreise in ihren Besitz. Bereits zu den Zeiten, in denen Constantin dort noch mit Knebel seinen Wohnsitz hatte, verbrachte sie hier mindestens einmal in der Woche einen Tag. Wie sie und die gesamte herzogliche Familie, schätzte auch Goethe den poetischen Ort, der zum einfachen Leben, zu ländlichen Festen und zum ungezwungenen Miteinander in der freien Natur einlud.

An Tiefurt gefiel Anna Amalia vor allem, daß sie hier ohne Hofhaltung, ohne größere Repräsentationen leben konnte. Außer Louise von Göchhausen teilten meist nur zwei Bedienstete den einfachen Haushalt. Ihr Hofmeister zu dieser Zeit, von Einsiedel, blieb oftmals in Weimar oder befand sich auf Reisen. Dafür aber gehörte Wieland fest zum „Inventar" des ehemaligen Pachtgutes. Sein Gut Oßmannstedt lag nicht allzu weit entfernt.

Wielands Gegenwart erfreute und belebte Anna Amalia. Später, nach dem Tod seiner Frau, mietete sie ihm sogar im Dorf Tiefurt eine kleine Wohnung, so daß er ihr nahe und doch ungebunden sein konnte.

Das ehemalige Pachthaus Tiefurt lag am Rande eines weiten Parks, der sich den steilen Abhang hinab bis zum Ufer der Ilm hinzog. Zu Constantins Zeiten hatte hier Knebel die ehemaligen Felder in Rasenflächen verwandeln lassen. Die schönen alten Bäume waren erhalten geblieben. Nun entstand entsprechend der Mode der Zeit ein englischer Park. Anna Amalia hatte sich nach einer Reise an den Hof von Dessau und dem Besuch des Wörlitzer Parks, beraten von Goethe, an die weitere Umgestaltung der Tiefurter Umgebung gewagt. Wege wurden angelegt, Aussichtspunkte geschaffen, bergseitig errichtete man Steinmauern, in die man Sitznischen einließ, führten verschlungene Pfade zu Musentempeln und altarartigen Erinnerungsmalen. Schloß Tiefurt selbst war sehr einfach ausgestattet. Die Wände der Kabinette, Sälchen und Mansarden bemalte man mit Rankenwerk. Die Natur schien auf diese Weise auch noch im Hause zu walten. Statt die Böden mit Marmor oder Parkett herzurichten, überzog man die Holzplanken mit getönter und gewachster Leinwand. Die Einrichtung bestand aus leichten, behaglichen, schlichten Möbeln. An den Wänden hingen Scherenschnitte, Aquarelle und Stiche. Doch standen auf den Tischen und Konsolen Abgüsse römischer Plastiken, kostbare Fayencen und edle Porzellane aus der Manufaktur „Fürstenberg", die Anna Amalias Vater gegründet hatte.

Anna Amalias Leben in Tiefurt schilderte sehr eindringlich Henriette von Egloffstein. Hier heißt es:

„In dem stillen Thale, das die bescheidene Ilm durchschlängelt, schuf sie sich und ihren unzähligen Verehrern ein anmutiges Sorgenfrei. Tiefurt mit seinem niedrigen Pächterhause ward nunmehr der Sammelplatz aller großen Geister des verflossenen Jahrhunderts. Hier herrsch-

te Amalia in weit höherem Sinne über die Gemüther und zog durch ihre himmlische Milde alle Herzen an. In der Atmosphäre, die sie umgab, erschloß sich das Reich der Poesie Jedem, dem es vergönnt ward, das Heiligthum zu betreten, wo die Freundin und Beschützerin der Künste in einfacher Häuslichkeit thronte. Der Friede, den sie hier genoß, ging auf diejenigen über, welche das Glück in ihre Nähe führte. Diese Gunst ward Vielen zu Theil, aber nur Wenige konnten sich rühmen, zu den Auserwählten der Herzogin zu gehören. Denn wie huldvoll sie auch alle Besuchenden empfing und duldete, so war doch die Zahl derer gering, die sie vorzugsweise begünstigte und am liebsten um sich sah. Von dieser Vorliebe bemerkten die Uebrigen keine Spur, wenn Amalia im weiteren Kreise als Fürstin repräsentirte; dann bezeichnete sie ihre Auserkohrnen nur durch ein kaum bemerkbares Kopfnicken und das bezaubernde Lächeln, das ihr eigen war, damit Niemand die Vertraulichkeit ahne, die zwischen ihr und ihren Lieblingen herrschte. Ueberhaupt leuchteten die innigen Gefühle ihres Herzens nur dann aus der Tiefe desselben hervor, wenn sie, von äußerem Zwang und Förmlichkeit befreit, sich in ihrer ganzen Natürlichkeit gehen lassen durfte.

Deshalb entsprach auch die Lebensweise in Tiefurt ihren Neigungen am meisten, und mit Sehnsucht harrte sie stets dem Frühjahr entgegen, das sie, die innigste Freundin der Natur, dahin zurückführte, wo sie für den Druck der Verhältnisse entschädigt werden sollte. Schon am frühen Morgen sah man dort die Herzogin im schlichten Gewande, das aufgerollte schöne Haar unter dem einfachen Strohhut verborgen, ihre lieben englischen Hühner und Tauben füttern. War dies Geschäft vollbracht, dann wandelte sie allein, mit einem Buche in der Hand, zu

135

ihrer Lieblingsbank im Park. Hier verweilte sie, theils le-
send, theils ernsten Betrachtungen hingegeben, bis das
Schlagen der Mittagsstunde von dem Thurm der kleinen
Dorfkirche sie an die Rückkehr mahnte. Schnell ward
nun die prunklose Toilette gemacht, während welcher die
angelangten Briefe durchgelesen wurden; dann trat die
Herzogin aus ihrem bescheidenen Schlafzimmer in die
eben so bescheidenen Wohngemächer, woselbst ihr klei-
ner Hofstaat nebst denen sie erwartete, die zu den tägli-
chen Tafelgenossen gerechnet werden konnten. Zu diesen
gehörte insbesondere der alte Wieland, dem Amalia aus
kindlicher Anhänglichkeit eine eigene Wohnung in Tie-
furt hatte bereiten lassen, die er in den letzten Jahren sei-
nes Lebens regelmäßig jedes Frühjahr bezog, um in
behaglicher, ländlicher Ruhe seine spätern Werke vollen-
den zu können. Der Andrang von Fremden war jedoch
so groß, daß selten ein Tag verging, an welchem nicht
mehrere derselben zur Tafel gezogen werden mußten, die
hier als der einzige wahrhaft luxuriöse Gegenstand da-
ran erinnerte, daß man sich in einem fürstlichen Hause
befand. Nach beendigtem Mittagsmahl zog sich die Her-
zogin zurück, und die übrigen Anwesenden zerstreuten
sich nach allen Seiten hin, bis die Theestunde sie wieder
vereinigte. War das Wetter günstig, so strömten nun aus
allen Gegenden die Besucher herbei und vermehrten die
Gesellschaft, welche der Herzogin in den Park folgte, wo
im Schatten hoher Bäume der Theetisch bereit stand. Da
man wußte, daß Amalia Frohsinn und Ungezwungen-
heit über alles liebte, so ließen die Gäste ihre Laune nach
Willkühr walten, und bald belebten Scherz und Spiel des
jüngern Theils der Versammlung den stillen Park. Wer
jedoch an dem lärmenden Zeitvertreib der Jugend kei-
nen Antheil nehmen konnte oder wollte, dem stand jede

andre seinem Alter und Geschmack zusagende Unterhaltung zu Gebote, bis die sinkende Sonne alle Anwesende, die nicht zum Verweilen an der geweihten Stätte berufen waren, zum Aufbruch zwang. Wenn nun auf das geräuschvolle Treiben des Tags jene feierliche Stille des Abends folgte, die den Menschen zur Einkehr in sich selbst aufzufordern scheint, dann begann der höchste Genuß für die Zurückbleibenden in dem friedlichen Hause. Hier beschäftigte man sich theils mit Musik, welche Amalia leidenschaftlich liebte, theils auch mit Durchblättern der neusten Produkte der Literatur. Fand sich etwas besonders Anziehendes darunter, so übernahm die Hofdame von Göchhausen das Amt der Vorleserin, während die übrigen Damen der Herzogin bei einer großen Tapisserie-Arbeit behülflich waren, die sie ihrem geliebten Sohne bestimmte. War das Wetter so ungünstig, daß kein Abendspaziergang stattfinden konnte, dann bequemte sich die Fürstin dazu, eine Spielpartie mit Wieland zu machen, oder Wieland rückte selbst mit einem eben vollendeten Hefte seiner Werke heraus. Doch, wehe dem! der sich nicht der strengsten Aufmerksamkeit bei seiner Lectüre befleißigte, oder wohl gar ein unwillkührliches Geräusch sich zu Schulden kommen lies! Augenblicklich versenkte der grämliche Alte unter den heftigsten Schelten sein Manuskript wieder in die Tasche und zog sich in ein Schmollwinkelchen zurück, wo er, trotz aller Entschuldigungen des störenden Theils und der milden versöhnenden Worte der duldsamen Fürstin verharrte, bis das runde Tischchen mit dem frugalen Abendessen ins Zimmer getragen wurde, an welchem die begünstigten Mitglieder des vertrauten Kreises einst köstliche, nur zu schnell entschwundene Stunden verlebten, weil Amalia in ihrer Mitte von jedem Zwange befreit, die verborgensten Schätze ihrer Seele enthüllte, oder mit bezaubernder Anmuth und Einfachheit die merkwürdigsten Episoden aus ihrer glänzenden Vergangenheit erzählte. Von Liebe und Verehrung durchdrungen lauschten die beglückten Zuhörer ihren Worten mit verhaltnem Athem, um keins derselben zu verlieren und wünschten den Zeiger der Uhr festbannen zu können, damit er nicht die Stunde verkünde, in welcher die Herzogin sie zu entlassen und sich zur Ruhe zu begeben pflegte. Indessen zeigte auch der Aufenthalt in Tiefurt die Wahrheit des bekannten Mottos: les jours se suivent, mais ils ne se ressemblent pas. Denn nicht jeder Tag glich dort dem eben geschilderten, da die Stimmung der geliebten Fürstin von dem Eindruck abhing, den die Besuchenden auf sie machten. Es erklangen auch mitunter Mißtöne, welche die sanfte Harmonie des Tiefurter Lebens störten. Im vertrauten, täglichen Umgange mit den berühmten Männern, die Weimar zu einem Sitz der Musen umgeschaffen hatten, erkannte man die Richtigkeit des Satzes: „wo viel Licht ist, da ist auch viel Schatten". Vermöge der zwanglosen Freimüthigkeit, womit Jeder in Gegenwart der Herzogin Amalia seine individuellen Ansichten aussprechen und verteidigen durfte, knüpften sich zwischen den hochbegabten Besuchern von Tiefurt die geistreichsten Unterhaltungen an, doch gingen diese nur allzu oft in heftige Diskussionen über, bei welchen Wielands launenhafte Krittelei, Herders persifflirender beißender Witz, so wie Knebels unbezähmbare Leidenschaftlichkeit, vor allem aber Goethes diktatorisches Genie kräftig hervortraten und dem Streitenden nicht selten scharf verletzende Worte auf die Zunge legten, die den stets vorhandenen Brennstoff in den Gemüthern so gewaltig anfachten, daß selbst Amaliens Gegenwart und ihre ver-

söhnende Milde nicht hinreichten, die hoch auflodernden Leidenschaften zu dämpfen. "[74]

Nach dem Erntefest vom 11. August 1781, das mit einem ländlichen Umzug in Tiefurt begangen wurde, erhielt Anna Amalias Weimarer Freundeskreis die Nachricht, daß sich in Tiefurt ein Kreis von Gelehrten, Künstlern, Poeten und Staatsleuten zusammengefunden habe, um alles, was Politik, Witz, Talent und Verstand in *„unsern dermalen so merkwürdigen Zeiten hervorbringen in einer periodischen Schrift den Augen eines sich selbst gewählten Publikums vorzulegen"*[75].

In der Anlehnung an das täglich erscheinende *„Journal de Paris"* sollte in leichter, geistreicher und witziger Weise im *„Journal von Tiefurt"* über alles Wissenswerte berichtet werden, allerdings nicht täglich, sondern wöchentlich. Es ist anzunehmen, daß Anna Amalia auch durch die *„Feuilles du Baron de Grimm"* – jener berühmten literarischen Korrespondenz, die zwischen 1753 und 1790 über alles berichtete, was in Paris gelehrt und geschrieben wurde – angeregt worden war.

An Frau Aja schrieb die Fürstin am 3. Oktober 1781:

„...es ist ein kleiner Spaß, den ich mir diesen Sommer gemacht habe und der so gut reuissiret hat, daß es noch bis jetzt continuiret wird, vielleicht wird es Ihnen auch einige gute Stunden machen. Die Verfasser sind Hätschelhanz[76], *Wieland, Herder, Knebel, Kammerherr Seckendorff und Einsiedel. Der Frau Rätin weltberühmte Kennerschaft wird ihr leicht die Stücke von jedem Autor errathen lassen"*[77].

Unter Anna Amalias Herausgeberschaft, Einsiedels Redaktion und Louise von Göchhausens Sekretariat publizierte man von 1781–1784 ein Journal im Format

„Groß-Median-Quart fein Pappier", das von zwei professionellen Schreibern und vier Primanern des Weimarer Gymnasiums geschrieben wurde und in einer Auflage von elf Exemplaren erhältlich war.[78]

Für alle Beiträge war Anonymität oberstes Gesetz. Nachforschungen haben ergeben, daß Anna Amalia, Carl August, Einsiedel, Knebel und Seckendorff die Stützen des Unternehmens waren, aber auch die Göchhausen, Sophie von Schardt, Caroline Herder, Emilie von Werthern sich eifrig als Autoren beteiligten. Nicht minder wirkten aber auch die Nicht-Weimarianer wie der Herzog von Gotha, der Darmstädter Merck und der Kurmainzer Statthalter von Erfurt, Carl von Dalberg, mit.

Dank Goethes und Herders Beiträgen gewannen die Blätter ein stärkeres Gewicht. Einige Gedichte Goethes, wie das „Auf Miedings Tod", das dem Weimarer Theaterschreiner und Seele des Liebhabertheaters ein Denkmal setzt, oder die Ode „Das Göttliche" unterscheiden sich wesentlich von den sich meist locker, heiter und spöttisch gebenden übrigen Beiträgen.

Ganz sicher war es Anna Amalias Bestreben, den Geist und die Stimmung ihres kleinen Hofes zu dokumentieren, aber auch den vielseitigen Talenten aus ihrer Umgebung ein Forum zu schaffen, das ihnen zu Anerkennung verhelfen konnte. Und so wechselten Beiträge, die unter der Rubrik „Außerordentliche Begebenheiten" vermerken, daß ein Tiefurter Perlhuhn in der Lage war, bis zu vierundzwanzig Eier zu legen, mit ernstzunehmenden Abhandlungen über Musik und Literatur ab. Scharaden, Rätsel, Fabeln, Übersetzungen – alles, was die kleine, exklusive Gesellschaft bewegte, fand hier ihren Niederschlag. Anna Amalia hat hier beispielsweise mit Wielands Hilfe die antike Geschichte von Amor und Psyche nacherzählt.

Allmählich jedoch versiegten die Beiträge. Die Herausgabe, die stets von der Anwesenheit Anna Amalias, Einsiedels und der Göchhausen abhing, wurde mit den Jahren schwieriger. Mit der Nr. 49 stellte im Jahre 1784 das „*Journal von Tiefurt*" sein Erscheinen ein.

Aufschlußreicher als die meist preisenden Lobeshymnen der Zeitgenossen oder Nachgeborenen auf Anna Amalias Musenhof, ist dies kleine Journal, das seine Höhen, aber auch Banalitäten offenlegt.

Künstlerisches und geselliges Leben im Wittumspalais

Um 1785 zeichneten sich die beiden Weimarer Hofhaltungen – die des jungen Herrscherpaares und die der alten Herzogin – ganz allgemein durch größere Ernsthaftigkeit aus. Für den jungen Hof waren die Zeiten des Sturm und Drangs vorüber, für den der Herzogin Anna Amalia die der heiteren, absichtslosen Spiele. Die Hauptakteure suchten sich andere Aufgaben.

Carl August trieben politische Missionen auf Reisen. Er versuchte, an den deutschen Fürstenhöfen die Idee des deutschen Fürstenbundes – eines Zusammenschlusses der in vielen Beziehungen reformierten deutschen Kleinstaaten – zu propagieren. Zusätzlich trat er in die preußische Armee ein. Wie es seinem Tatendrang und Temperament entsprach, tauschte er seine eingeschränkte Weimarer Regierungstätigkeit mit ausgreifenderen politischen Aufgaben.

Goethe hingegen widmete sich intensiv seiner Ministertätigkeit, wandte mehr Zeit für seine naturwissenschaftlichen Arbeiten auf und schloß sich zum Zeichnen den Weimarer Künstlern an, die im Roten Schloß eine Malschule betrieben. Auch wurde ihm täglich bewußter, daß er seine großen dichterischen Pläne nicht mehr lange aufschieben konnte.

Zur gleichen Zeit waren die übrigen Weimarer Geistesgrößen ebenfalls aktiv. Herder veröffentlichte seine „Volkslieder", seine „Briefe zur Theologie", seine „Ideen zur Philosophie der Geschichte der Menschheit", Musäus gab seine „Volksmärchen" heraus, Wieland eine gekürzte Fassung des „Oberon". Außerdem erschienen im „Teutschen Merkur" zahlreiche Artikel, die Zeugnis von der ernsthaften Stimmung am Weimarer Hof ablegten.

Anna Amalia aber wandte sich – nachdem die Bellomosche Schauspieltruppe engagiert und das letzte Tiefurter Journal erschienen war – verstärkt ihren wissenschaftlichen Studien, ihren künstlerischen Übungen, der bereits beschriebenen Gestaltung des Tiefurter Parks, den zahlreichen gesellschaftlichen Zusammenkünften und ihrem ausgedehnten Briefwechsel mit Freunden in aller Welt zu.

Mit Ernst und Eifer verfolgte sie ihre Sprachstudien. Den Weimarern kam die Herzogin wie ein verspäteter Student vor, der mit doppeltem Eifer die Versäumnisse der Vergangenheit aufzuarbeiten sucht. In Englisch, Italienisch und Latein nahm sie Unterricht und ruhte nicht eher, bis sie die letzten sprachlichen Feinheiten erfaßt hatte und die dichterischen Werke im Original lesen konnte. Auch die griechischen Dichtungen las sie im Urtext und erfreute sich, meist gemeinsam mit Wieland, an der Größe und Ausgewogenheit der antiken Welt.

In der Malerei war Oeser ihr großer Lehrmeister. Er wohnte meist längere Zeit bei ihr, und abgesehen vom Malunterricht, den er ihr erteilte, fertigte er während dieser Zeit auch Theaterdekorationen an, entwarf Gebrauchsgegenstände und malte Wände und Zimmerdecken aus.

In der Musik – ihrer bevorzugten Muse, für die sie auch das meiste Talent mitbrachte und die sie schon von Kindesbeinen an ausübte – begleiteten sie Kapellmeister Wolf und bis zu seinem frühen Tod der Kammerherr von Seckendorff. Als oberster Musikkenner des Hofes verteidigte Seckendorff die italienische Musik gegenüber allen Neuerungen. Hier traf er ganz mit Anna Amalias Vorlieben zusammen. Anna Amalia spielte nicht nur mehrere

Instrumente, sie komponierte und arrangierte auch. Allerdings hatte sie für moderner klingende Musik nichts übrig. Sie gehörte geschmacklich ganz zur alten Schule und schwelgte in „Agréments" und „Verzierungen".

Zu dieser Zeit waren musikalische Darbietungen sozusagen das tägliche Brot am Weimarer Hof. Nicht nur Anna Amalia, auch ihre beiden Söhne konnten sich an den Aufführungen beteiligen. Die Hofkapelle unter Wolf, die Stadtkapelle unter Eberwein, die Chöre und Instrumentalisten des Gymnasiums, die Organisten und Kantöre der beiden Kirchen – sie alle trugen zu einem regen musikalischen Leben in Weimar bei. Nach Wielands Aussagen wurde am Hof der alten Herzogin *„geklimpert, gegeigt, geblasen und gepfiffen, daß die Engel im Himmel ihre Freude daran hatten"*.[79] Einige Jahre später hat Anna Amalia sich auch in einer Abhandlung über die Bedeutung der Musik geäußert, der sie reinigende, bessernde und erhebende Kräfte zusprach.

Als beständigster Verehrer seiner Herzogin lobte Wieland an ihrem achtunddreißigsten Geburtstag ihre vielseitigen Talente, die ihr bald den Zeichenstift in die Hand gäben, bald eine herrliche Tonwelt entstehen ließen.

Anna Amalia war es auf Grund ihrer Stellung immer möglich, mit Menschen, die sie interessierten, ins Gespräch zu kommen. Zudem machte ihre liebenswürdige, aufgeschlossene Art es ihr leicht, die in Weimar versammelten Genies der Epoche um sich zu scharen. Auch besaß sie die Gabe, die unterschiedlichsten Persönlichkeiten ungezwungen miteinander ins Gespräch zu bringen.

Diese Eigenschaften ermöglichten es ihr von 1775 ab an jedem Montagabend Künstler, Bürger, Wissenschaftler und Hofleute zum anregenden Gedankenaustausch bei sich zu versammeln. In ihrem Tafelrundenzimmer im ersten Stock des Wittumspalais oder in Tiefurt fand sich ein, wer bei zwangloser Zusammenkunft bewegende künstlerische Ereignisse in Musik, bildender Kunst und Literatur kennenlernen wollte. Wissenschaftler und Künstler trugen ihre neuesten Erkenntnisse vor, man befaßte sich mit Neuerscheinungen, man diskutierte und stellte auch eigene Werke vor. Ein zwangloser, offener, auch gelegentlich kritischer Ton machte diese Abende anziehend. Goethe, Herder und vor allem Wieland haben zeitweise regelmäßig an diesen Zusammenkünften teilgenommen. Die anwesenden Damen beschäftigten sich dabei oft mit Tapisseriearbeiten.

Anders geartet waren die „Freundschaftsfrühstücke", zu denen Thusnelda von Göchhausen jeden Samstagmorgen in ihre Räumen im zweiten Stock des Wittumspalais einlud. Wer dort Gast war, hatte zur Unterhaltung eine „Gabe" mitzubringen, die die Zusammenkunft bereicherte. Thuselchen erwartete neue Gedichte, Lieder, wissenschaftliche Traktate. Ein fachkundiges Publikum beurteilte derartige Neuerscheinungen bei „Freundschaftsbrötchen" und „Freundschaftsmokka". Auch diese Veranstaltungen, vom gleichen Personenkreis besucht, erfreuten sich regen Zuspruchs. Louise von Göchhausen ist es im übrigen zu verdanken, daß der „Urfaust" erhalten blieb, den sie für ihren Gast Goethe abschrieb.

Zwischen Anna Amalia und Carl August herrschte, nachdem sich die „alte" Herzogin als so „jugendlich" erwiesen hatte, ungetrübte Harmonie. Neben zahlreichen spontanen Begegnungen gab es auch einige regelmäßige, ritualisierte. Sonntags beispielsweise fuhr Anna

Amalia – ganz Rokokofürstin in Reifrock und mit Perlen und Diamanten geschmückt – in ihrer gläsernen Kutsche nach dem Kirchgang zum jungen Hof. Meist in Begleitung einer ihrer Vertrauten blieb sie dort zur Mittagstafel bei Sohn und Schwiegertochter. Bevor die Abendcour[80] begann, war sie ins Wittumspalais zurückgekehrt. Donnerstags kamen dann Carl August und Louise zum Konzert zu ihr.

Die zahlreichen Begegnungen zwischen Anna Amalia und Louise führten jedoch nicht dazu, daß sich die beiden Frauen innerlich näher kamen. Die impulsive, lebenszugewandte und lebhafte Anna Amalia und die zurückhaltende, leicht verletzliche und schüchterne Louise brachten trotz beiderseitigem intensiven Bemühen kaum mehr als Achtung und Duldung füreinander auf. Daran änderte auch die Geburt der Enkelkinder Carl Friedrich (1783), Caroline (1786) und Carl Bernhard (1792) nichts. Louise band ihre Kinder eng an sich und ihren Hof. Anna Amalia zögerte, sich einzumischen, und war außerdem auch noch viel zu sehr mit sich und ihren eigenen Interessen beschäftigt, um sich ernsthaft als Großmutter zu engagieren.

Später hat Anna Amalia die feste und von Louise gebilligte Verbindung Carl Augusts mit der Schauspielerin und Sängerin Caroline Jagemann (1777–1848) – Tochter ihres Bibliothekars und Italienischlehrers – als Nebenfrau und Mutter von drei weiteren Enkelkindern dulden müssen.

Doch weder die schüchterne, ungeschickte, empfindsame Louise, noch die als anmaßend und arrogant beschriebene Caroline konnten Anna Amalia in der Gunst der Bevölkerung übertreffen. Für die Weimarer blieb Anna Amalia die wahre Fürstin und Landesherrin.

Auch in dieser Epoche ihres Lebens empfing Anna Amalia fast jede Woche auswärtigen Besuch, der Neuigkeiten aus fernen Regionen mitbrachte. Nicht weniger verschaffte der Briefwechsel – täglich und intensiv – Beziehungen in die weite Welt, aber auch zu den in der Nachbarschaft lebenden Vertrauten. In vielen dieser schriftlichen Äußerungen Anna Amalias wird deutlich, wie gern sie einmal durch eigene Anschauung den fernen Gegenden, Kulturstätten und Menschen begegnet wäre, die sie durch Lektüre und Korrespondenz bereits kennengelernt hatte.

Zu dieser Zeit war das Reisen für Fürsten selbstverständlich, für Fürstinnen jedoch galt nach wie vor, daß sie am besten zu Hause aufgehoben seien. Eine reisende Frau war die absolute Ausnahme und wurde, wie das Beispiel Mme de Staël zeigt, allgemein mit Neugierde, Bewunderung, aber auch als Kuriosität bestaunt.

Anna Amalias erste größere Reise – will man den Badeaufenthalt in Aachen und einige Besuche in ihrer Heimat Braunschweig nicht zählen – führte sie 1778 über Frankfurt, wo sie Goethes Eltern besuchte, den Rhein hinab bis nach Düsseldorf.

Die Reisegesellschaft bestand aus der Herzogin, Louise von Göchhausen, Fräulein von Stein, dem Maler Kraus, der die Reiseansichten festhalten sollte, und dem sachkundigen Reise- und Kunstführer Merck. Vor allem in Köln, Schloß Bensberg und Düsseldorf bewunderte man die Kunststätten und erfreute sich der Gastlichkeit.

Als die kleine Reisegesellschaft dann nach Weimar zurückgekehrt war, gab ihr Goethe am 22. August 1778 in der Einsiedelei am Ufer der Ilm ein Abendessen. Ausgiebig wurde Rheinwein genossen und von den vergangenen Erlebnissen berichtet. Da tat sich plötzlich die der Ilm zugewandte Tür der Hütte auf. Draußen waren die Ufer des Flüßchens durch künstliche Beleuchtung in Rembrandtscher Manier in Hell und Dunkel getaucht und die Landschaft lebte, wie von Rembrandt gemalt, vor den Augen der glücklich Heimgekehrten in zauberhaftem Licht.

Die Italienreise

Am 3. September 1786 trat Goethe von Karlsbad aus mit der Postkutsche seine Italienreise an. Niemand hatte etwas von seinen konkreten Reiseplänen gewußt. Wie auf der Flucht stahl er sich davon. An Carl August richtete er ein Urlaubsgesuch auf unbestimmte Zeit; die sich seit längerem anbahnende Trennung von Charlotte von Stein wurde nun zum endgültigen Abschied.

Auch für Anna Amalia kam Goethes plötzliche Abreise überraschend. Jetzt erst wurde ihr bewußt, wie selbstverständlich sie seine belebende Gegenwart bisher genommen hatte. Zwar veränderte sich das Alltagsleben an ihrem Hof im großen und ganzen durch seine Abreise nicht, doch fehlte auch ihr der Umgang mit diesem genialen Menschen. Zudem weckten seine Reiseberichte in der Zurückgebliebenen bald den Wunsch, es ihm gleich zu tun. Goethes Italienreise bestärkte in Anna Amalia das Verlangen, endlich auch in das Land aufzubrechen, das durch seine Kultur von Kindheit an bestimmend für sie gewesen war.

Eine lebensbedrohende Krankheit, die sie nur schwer überwand, war für sie ein weiteres Zeichen, daß es Zeit war, ihre Träume nun endlich in die Tat umzusetzen.

Die braven Weimarer begriffen mit Entsetzen, daß sich ihre kaum genesene Fürstin auf das Wagnis einer so gefährlichen Reise einlassen wollte. Vielleicht war der Besorgnis ihrer Untertanen auch die Angst beigemischt, daß sich Weimar – nachdem sich bereits Goethe und Herder auf Italienreisen befanden – nach Anna Amalias Abreise zu früherer Provinzialität zurückentwickeln könnte.

Von Anfang an hatte Goethe Anna Amalias Italiensehnsucht begriffen, hatte sie unterstützt und darüber hinaus alles unternommen, ihr die Reise angenehm zu gestalten und kunsthistorisch und gesellschaftlich vorzubereiten. Schon im November 1787 schickte er den Sohn seiner römischen Hauswirtsleute, Collina, nach Weimar an Anna Amalias Hof, damit er als landeskundiger und sprachgewandter Führer der kleinen Weimarer Reisegruppe zur Seite stehe. Auch hatte Goethe Reisepläne ausgearbeitet, hatte seine Künstlerfreunde aus der deutschen Kolonie in Rom instruiert und sie gebeten, der Weimarer Herzogin zu Diensten zu sein. Alles war hervorragend vorbereitet. Anna Amalia brauchte nur Goethes Spuren zu folgen.

Die Reisevorbereitungen Anna Amalias waren im Frühjahr 1788 abgeschlossen. An Merck schrieb sie damals: „... *Wie glücklich bin ich, einmal meinen Wunsch in Erfüllung zu bringen und das schöne, natur- und kunstreiche Land mit eigenem Auge zu sehen und zu genießen... Ich glaube, Italien ist für uns, was der Fluß der Lethe den Alten war, man verjüngt sich, in dem man alles Unangenehme, was man in der Welt erfahren hat, vergißt und dadurch ein neuer Mensch wird...*"[81]

Am 15. August 1788 trat Anna Amalia endlich ihre Italienreise an. Zum Kern ihrer Reisegesellschaft gehörten: Kammerherr von Einsiedel, Hofdame Louise von Göchhausen, der Arzt Dr. Huschke und der Römer Collina. Während der einzelnen Etappen der Reise gesellten sich dann immer wieder neue und alte Freunde hinzu, denen es angenehm war, mit der Herzogin zu reisen, und die von der sachkundigen Begleitung profitierten.

Anna Amalias Italienreise dauerte zweiundzwanzig Monate, wovon sie sechs Monate in Rom und zwölf in Neapel verbrachte, während der restlichen Zeit befand sie sich unterwegs.

Über Regensburg, wo sie das versammelte diplomatische Korps des dort permanent tagenden Reichstags empfing, über München, wo sie die Bilder- und Statuensammlung besuchte, erreichte sie zum ersten Mal in ihrem Leben in der Nähe von Innsbruck die Alpen. Aus den Berichten Louise von Göchhausens spricht Verängstigung und Befremdung vor den *„engen Tälern"*, den *„Abbildungen von Unglücksaffären"* auf den Marterln und vor allem darüber, daß *„das Auge beschränkt"* ist und ihm *„kein Ausweg möglich erscheint"*.

Am 4. Oktober 1788 trafen die Weimarer endlich in Rom ein. Kaum angekommen, gesellte sich Herder zu ihnen, der auf Kosten des Kurmainzer Statthalters von Dalberg mit diesem und dessen Freundin, der Witwe des frühverstorbenen Freiherrn von Seckendorff, in Italien unterwegs war. Das Trio hatte sich schlecht verstanden und Herder unter den Launen der Freundin des verliebten Domherren gelitten. Nun, da seine verehrte Fürstin in Rom war, hatte Herder sofort die Fronten gewechselt und sich Anna Amalias Reisegruppe angeschlossen.

Obwohl sich Anna Amalia hinter dem Incognito einer Gräfin Altstadt verbarg, gelang es ihr nicht lange, unerkannt zu bleiben. Schnell wußte man in den römischen Adels- und Künstlerkreisen, wer sich hinter dem Pseudonym verbarg. Vor allem war in Rom bekannt, daß Anna Amalia eine Nichte des berühmten, allgemein bewunderten Friedrich II. von Preußen war. Man rechnete sie also dem Preußischen Hof zu.

Herder sonnte sich im Glanz seiner Fürstin, dank der er in den Genuß der Bekanntschaft der einflußreichen römischen Gesellschaft gelangte und als Vertrauter der Fürstin und „Bischof von Thüringen" die Anerkennung fand, die er anstrebte.

Während ihrer Romaufenthalte bewohnte Anna Amalia die „Villa Malta", die auf dem Monte Pinicio inmitten von Orangenhainen und Blumen gelegen war. Unterhalb des Palais, das später von Ludwig II. von Bayern erworben wurde, breitete sich die ewige Stadt aus. Man sah direkt auf den Tiber, St. Peter und den Vatikan.

Louise von Göchhausen war es, die im Herbst 1788 in gewohnter Ausführlichkeit Wieland vom römischen Leben der Reisegruppe berichtete. Hier heißt es:

„... *Jeder Vormittag, sehr wenige ausgenommen, sind der Kunst gewidmet, wir sahen noch jeden etwas neues, ich nehme das Musäum und noch einige Dinge, als das Pantheon, die Peters-Kirche etc. aus, wohin wir oft wiederholte Wallfahrten machen. Bei diesen Vormittägigen Wanderungen begleitet uns Herder und Reifenstein. Wir fahren gegen 10 Uhr aus und kommen um 2 wieder zurück. Beyde Herren essen bey uns, zuweilen auch noch einer oder der andere unserer hiesigen Bekannten und da werden denn oft Tischreden gehalten, denen auch Sie, bester Freund, mit Vergnügen beywohnen würden, und zu welchen so oft mein Herz Sie sehnlich wünscht. Einige Zeit nach Tisch begiebt sich jedes in sein Kämmerlein oder wenn der Nachmittag sehr schön ist werden Spazierfahrten in irgend eine merkwürdige Gegend in und um Rom veranstaltet, und der Abend versammelt alles um den Theetisch, um welchen sich denn verschiedene der hiesigen Bekannten mit einfinden. Da jetzt kein Theater ist, werden auch zuweilen kleine Concerte veranstaltet. Dies ist unser gewöhnliches Leben; da aber die Herzogin genöthigt ist einige Tage der Woche der großen Welt darzubringen, so leidet dieser Gang alsdann keine Abänderungen. Außer Hauß ißt die Herzogin bei niemanden zu Mittag (da sie ihrer Gesundheit wegen alle grose und Ministerial Diners verbeten hat) als beym Cardinal Staats Secretair Boncompagni, den Cardinal Bernis und den Spanischen Gesanden Cavallier Azara, der nehmliche, der Mengsens Werke herausgegeben. Diese Diners sind meist sehr interessant, weil nur wenige aber vorzügliche Personen dazu eingeladen werden und diese 3 Männer schon für sich zu den besten und ausgezeichnetsten gehören. Der Cardinal Bernis kommt beynahe einen Abend um den andern zur Herzogin und ohngeachtet seines beynahe 70 Jährigen Alters ist er von der besten Gesellschaft, die sich denken läßt; er hat bey viel Verstand, Welt und Menschenkäntniß, alles gute, was seine Nation vorzüglich für die Societät auszeichnet. Er lebte mit den besten Köpfen aus dem Zeitalter Ludwig XIV, Voltaire, Fontenelle und so viel andern grosen sowol Weltleuten als Gelehrten und erzelt gern und gut von diesen Zeiten. Da die Herzogin nur wenig Personen zu ihrer Abendgesellschaft aufgenommen, weil sie sonst genöthiget gewesen wär alle Abend für halb Rom zu Hause zu seyn, so bringt der Cardinal nur einige der besten und interessantesten mit sich, die denn von 7 Uhr Abends freyen Zutritt haben, und ich darf wohl behaupten, daß man nicht leicht in besserer Gesellschaft sich befinden kan. In die sogenannten grosen Conversationen, wo, wie man sich hier ausdrückt, ganz Rom versammelt ist und die aus 2 bis 300 und noch mehr Menschen bestehn, geht die Herzogin nur zuweilen, höchstens die Woche einmal... Bey diesen Conversationen ist entweder Konzert oder es wird gespielt...*

Da man sich einer ganz außerordentlichen, und ich darf wohl sagen für die Römer ungewöhnlichen Höflichkeit gegen die Herzogin befleisiget, so kommt par contre Coup auch viel davon auf mich und ich kan mit Warheit

*sagen daß mirs in meinem Leben so wohl noch nicht
gegangen ist...*

*Der heilige Vater ist wie Sie wissen, ein schöner Mann
und für mich jedesmahl eine rechte Freude ihn zu sehen.
Von unsrer Praesentation werden Sie gehört haben. Er ist
äußerst freundlich und zuvor kommend gegen die Herzogin und ich kann nicht läugnen daß es ihr schmeichelt...*

*Sie verlangten in Ihrem lezten gütigen Brief recht viel
Detail und ich habe Ihnen – Kleinigkeiten geschrieben
und mich bloß dem Vergnügen mich mit Ihnen zu unterhalten überlassen, welches Vergnügen auch in Rom meinem Herzen gleich theurer und werth ist. Möchte es doch
bald wieder mündlich geschehen können! Dieser Wunsch
kommt aus meiner Seele und gewiß glaube ich daß es für
unser aller künftiges Glück rathsamer seyn mögte in diesem zauberischen Land nicht zu tiefe Wurzel fassen.*

*Unsre Fürstin sagt Ihnen die schönsten und besten
Grüße, sie hatte sehr große Freude an Ihrem schönen und
lieben Brief und wird Ihnen nächstens selbst schreiben...* "[82]

Der Höhepunkt des ersten Romaufenthaltes war für
Anna Amalia zweifellos die Audienz bei Papst Pius VI.,
der ihr ein Mosaikbild schenkte, das noch heute im Wittumspalais zu sehen ist.

Wenn Anna Amalia auch spöttisch ihrem Bruder
Herzog Friedrich August von Braunschweig (1740–
1805) am 22. November 1788 schrieb: „... *ich werde ihm
in seinem Zimmer vorgestellt werden, ganz allein und
selbst eingeschlossen, also daß ich mit ihm bec à bec sein
werde, aber ach das ist nicht mehr à la Mode que l'esprit
descend pour faire l'aimable avec une jolie femme. Ich
bin nach meiner Audienz großmütig gegen Dich, ich*

werde mit Dir meine Heiligkeit, mit der ich umgeben sein werde, teilen... "[83], so war sie doch allen Berichten zufolge von dieser Begegnung sehr beeindruckt. Jedenfalls öffneten sich ihr von nun an alle Türen zu allen wichtigen ausländischen Missionen, und es schloß sich die Bekanntschaft zu einer Reihe geistig und kunsthistorisch höchst versierten Aristrokraten an, die ihre Bemühungen um Kunst und Wissenschaft teilten.

Schnell stellte Anna Amalia mit diesen Kreisen einen vertrauten Umgang her. Fürst Massimo war ihr Wegbegleiter bei allen kirchlichen Feiern. Gastgeber, aber auch Gäste an ihrem Mittags- oder Abendtisch waren ihr der französische Gesandte Kardinal Bernis, der spanische Gesandte Marquis von Azara, die Fürsten Doria, Ruspoli, Rezzonico und die weibliche Cicerone, die Herzogin von Santa Croce. Gemeinsam mit diesen Adeligen genoß die Aristrokratin Anna Amalia die kulturellen Veranstaltungen des ewigen Roms, die ausgesuchten Konzert- und Theateraufführungen, die Ausstellungen, den Ausflug in die Villa d'Este, wo Herder im Fackelschein aus Goethes „Tasso" vorlas. Das gesellschaftliche Leben Roms war von einem ganz anderen Zuschnitt als das in Weimar. Anna Amalia mit ihrem Sinn für Schönheit, Eleganz und Grazie fühlte sich in ihrem Element.

Goethe hatte zu Anna Amalias Begleitung und Unterrichtung eine Reihe deutscher, in Rom lebender Freunde ausgesucht. Für alle Fragen der bildenden Kunst standen ihr der Gothaer und russische Hofrat Johann Friedrich Reiffenstein und die Künstler Fritz Bury aus Hanau, Heinrich Schütz aus Frankfurt, Christoph Heinrich Kniep aus Hildesheim, um nur einige zu nennen, zur Seite.

Ein besonderes Verhältnis aber bildete Anna Amalia zur Malerin Angelika Kaufmann (1741–1807) heraus, die mit dem italienischen Maler Zucchi in Rom verheiratet war und schon Goethe durch ihre Art und ihr Können entzückt hatte. Von nun an verband die beiden Frauen – fast gleich alt – eine herzliche und andauernde Freundschaft. Und während der Maler Tischbein ein mehr oder minder realistisches Portrait der thüringischen Herzogin fertigte, zauberte Angelika Kaufmann ein Idealbild der Fürstin, zu dem Anna Amalia selbstironisch meinte: *„Mein Portrait oder vielmehr das Tableau, was die Angelika von mir macht, ist die schönste Poesie, die man auf mich hätte machen können"*[84].

An die Daheimgebliebenen schrieb sie aus Italien, beispielsweise an Wieland: *„Mit mir stehts wie mit den seligen Geistern im Elysium"*, und wenig später an ihren Bruder Friedrich August beim Betrachten der antiken Kunstwerke: *„Es ist eine wahre Wollust, so zu genießen zu können; ich bin sehr glücklich darüber, und ich profitiere sehr davon; alle Tage bin ich auf den Füßen; die Natur, welche hier so schön ist, macht einen hier noch fähiger, die Wonne alles Schönen zu genießen"*[85].

Die Zeit vom 1. Januar 1789 bis zum 20. Februar 1789 und wieder vom 17. Mai 1789 bis Anfang April 1790 verbrachte Anna Amalia dann in Neapel. Neapel war zu dieser Zeit die Stadt, in der sich den Besuchern die südliche Natur, das italienische Volksleben und die antike Vergangenheit am schnellsten und augenfälligsten erschloß.

Unterhalb des Vesuvs mit dem Blick auf die Bucht bewohnte Anna Amalia eine geräumige Villa. Stärker als in Rom lebte sie in Neapel inmitten des normalen italienischen Lebens. Zeitweise war sie der einzige ausländische Gast von Rang am bourbonischen Königshof von Neapel. Zu ihren Freunden gehörten neben Königin Caroline der englische Gesandte Lord Hamilton, später Gatte der berühmt-berüchtigten Lady Hamilton, und vor allem der Erzbischof von Tarent, Guiseppe Capecelatro.

Wie sich der Alltag der Reisegruppe in Neapel gestaltete, berichtete Louise von Göchhausen an Wieland am 3. Februar 1789:

„O liebster Freund, welch' ein Land ist dies! Hier ist das Land der Wunder, hier wirkt die Natur sichtlich in aller ihrer Größe. Dieses Klima, diese Vegetation, selbst diese Menschen!... Von dem Pausilipp über's Meer wieder herüber nach Neapel zu fahren, ist das einzigste und entzückendste Schauspiel, was keine Imagination nie erreicht: das schöne Amphitheater, Neapel in der Abendsonne, jezt, da der Frühling alles doppelt belebt!...

Zu allen diesen Zaubereien kommt auch die Musik, deren eigentliches Vaterland noch Neapel ist... Paesiello ist ein sehr liebenswürdiger, verständiger und gefälliger Mann, dessen erster Anblick einem soglich sagt: dies ist ein glücklicher Mensch! Er kommt beinahe alle Abende, wenn nicht Theater ist, zur Herzogin, ihr seine Opern vorzusingen und zu spielen. Der Erzbischof von Tarent, ein ganz vortrefflicher Mann und ein anderer Hecht als unsere deutschen Bischöfe, ist der Herzogin ihr treuer Gefährte; er hat viel Verstand, Kenntnisse und Talente und ist dabei sehr musikalisch; Sie können also leicht glauben, daß Dieser einen großen Stein im Brette hat... Außer dem Haus sieht die Herzogin wenig Gesellschaft; hingegen gehört die, soden Zutritt bei ihr hat, gewiß zu der besten der Welt."[86]

Und Einsiedel schreibt an Herder am 29. September 1789:

„Zwei Abende der Woche füllt das Theater aus, zwei andere Abende Konzerte in unserm Hause, wo sich der Kreis der Zuhörer täglich mehrt. Die übrigen Abende besuchen wir die sog. Akademien der Nobili und Amici wechselweis und dann und wann auch eine Konversation. Die Morgen werden auf der Gitarre verklimpert, die Nachmittage verschlafen. Portici oder der Pausilipp dienen zu Spazierfahrten, und was unter dem Fittich der Nächte vorgeht, das soll meine Feder nicht enthüllen!

Das große Neapel ist dermalen an Neuigkeiten, die Sie interessieren könnten, so leer wie an Fremden, denn, einige verwirrte Engländer ausgenommen, sind wir die einzigen. "[87]

Unterbrochen wurden diese Perioden glücklichen Lebens, Lernens und Genießens durch Fahrten nach Paestum, Ischia und an die adriatische Küste nach Apulien, wo es ein Wiedersehen mit dem Kardinal von Tarent gab. Anschaulich berichtet die Göchhausen von dieser Reise an Wieland aus Neapel am 17. November 1789:

„Einen der schwersten Abschiede aus Italien habe ich schon genommen, aber noch nicht überstanden. Bei unserer Reise in Apulien gab die Herzogin dem Erzbischof von Tarent (Capecelatro) in Andria ein Rendezvous. Dieser Mann ist einer der ersten, edelsten, geistreichsten, verständigsten Menschen, die je gelebt haben. Sein Verstand, seine Wissenschaften, sein Herz, seine Talente sind in gleichem Grade groß, und man muß ihn kennen, um den Enthusiasmus zu begreifen, mit welchem seine ganze Provinz an ihm hängt. Man kann mit Wahrheit sagen, daß er alle Tugenden seiner Nation ohne einen ihrer Feh-

ler besitzt. Menschen dieser Art waren die ersten Heiligen... So wie er geliebt wird, ist er der Herzogin ergeben. So lang er in Neapel war, sahen wir ihn täglich.

Bis Andria, wo die Herzogin zwölf Tage blieb und welche (Stadt) das Ziel unserer Reise war, sind die Wege sehr gut. Von da besuchten wir die umliegenden Orte, die alle sechs bis zehn italienische Meilen von Andria am Meer liegen. Es ist ein prächtiger Anblick, an der adriatischen Küste die Städte Barletta, Trani, Bisegli, Molfetta usw. der Reihe nach liegen zu sehen, und diese schöne Aussicht hatten wir täglich aus unserer Wohnung. Dieses war ein reiches Benediktinerkloster, daß eine eigene Forestéria zur Bequemlichkeit der Reisenden unterhält...

Von der Gastfreiheit, Güte und Geistesfähigkeit der Menschen in dieser Provinz will ich nichts sagen, denn meine Worte erreichten sie nicht. Die Herzogin sahen sie an wie eine Göttin, die ein freundliches Schicksal ihnen zuführte, und bei ihrer Lebhaftigkeit war der Schmerz über ihre Abreise so unmäßig als die Freude über ihre Gegenwart... Den Abend vor unserer Abreise, wie wir beim Nachtessen saßen, versammelten sich eine Menge Menschen um das Kloster umher und ließen den Abt ersuchen, er möchte ihnen erlauben, einen Augenblick in den Saal zu treten, um die Herzogin noch einmal zu sehen. Dieses wurde ihnen zugestanden, und es drängte sich ein, was hinein konnte. Es waren Richter, Amtleute, Offiziers, Geistliche, Weiber und Kinder aus den umliegenden Orten. Nachdem sie eine Weile dagewesen waren und die Herzogin sich bemüht hatte, Jedem etwas Freundliches zu sagen, trat einer hervor und bat um die Erlaubnis, eine Brindisi (Gesundheit) auf die Herzogin zu trinken. Es wurde ihm zugestanden, und er sagte eini-

ge ottave rime zum Lobe der Herzogin, die so schön als delikat erfunden waren. Diese Gesundheit wirkte wie ein Feuerfunken in eine Pulvertonne: mehr wie zwanzig Stimmen erhoben sich und riefen alle auf einmal: anche io! anche io! Und sagten einer nach dem andern einige kurze Verse, die der griechischen Nachkommenschaft Ehre machten. So gewiß der Erste mochte vorbereitet sein, so wenig waren es die Andern, da der Inhalt ihrer Gedichte meist augenblickliche Veranlassungen waren. Ich rechne gern ab, was Schönheit der Sprache und ihres Organs dazu beitragen mochten, aber dem ohngeachtet bleibt noch viel."[88]

Im Frühjahr 1790 zog es schließlich Anna Amalia und ihre Begleitung nach Weimar zurück. Goethe, mit dem sie wie mit allen übrigen Weimarern während dieser Reise in engem Kontakt gestanden hatte, bot sich an, ihr entgegenzureisen und sie nach Hause zu begleiten. Louise von Göchhausen berichtet in ihrem Brief vom 26. Mai 1790 aus Venedig an Wieland:
„Dies ist der letzte Brief, den ich aus dem glücklichen Italien in's Vaterland schicke...

Unsere Herzogin, die gesund und froh wiederkommt, freut sich mit mir, und Goethe, der ihr gern die Rückkehr so froh wie möglich machen möchte, hat als ein guter Kenner des menschlichen Herzens ihr wohl abgemerkt, daß seine Unterhaltungen von Ihnen und noch einigen guten Menschen dieses Gefühl am lebendigsten bei ihr hervorbringen können...

Auch hier ist es uns wohl gegangen, so groß der Abstand zwischen dieser schwimmenden Republik und den königlichen Städten Rom und Neapel auch war. Es gehört freilich einige Zeit dazu, um endlich mit wohlge-

fälligem Erstaunen zu bemerken, wieviel hier Verstand,
verbunden mit eiserner Notwendigkeit, vermochten,
vorzüglich im Vergleich mit dem südlichen Teil von Ita-
lien, wo Herz und Auge an die Fülle von Natur und
Schönheit so wohltätig gewöhnt wurde. So ist es ohnge-
fähr, wenn das Auge auf schöner griechischer Baukunst
geruht hat und mit einemal auf die gotischen Spitzen und
Türme sich wendet. "[89]

Die Weimarer machten sich darüber Gedanken, wie
man Anna Amalia den Übergang in das Alltagsleben
erleichtern könnte, nachdem sie sich so sichtbar in Italien wohlgefühlt hatte. Nicht nur Carl August, sondern
auch Goethe, Herder und Einsiedel beschäftigten sich
mit Plänen, die sich mit Anna Amalias Rückkehr in den
thüringischen Alltag befaßten. So meinte Herder in
einem Brief an Goethe: „*Du weißt, wie es einem ist, der*
aus Italien soll, und Du kannst denken, wie es ihr sein
wird, die in Weimar nichts Lockendes vor sich findet.
Könnte ihr nicht ein Reiz dadurch verschafft werden,
wenn man ihr vorstellte, daß sie diese Stücke (die Musik-
stücke, die sie in Rom in den Konzerten der Vornehm-
sten gehört hatte), dort wieder aufführen könnte und sie
eine Art von Intendanz über Musik und Theater bekä-
me?"[90]
　　Sie selbst wünschte in Weimar künftig eine weima-
risch-italienische Künstlerkolonie zu gründen, in der
sich sowohl Musik, Malerei, Bildhauerei, aber auch
italienische Lebensart verwirklichen sollte. Goethe
schlug ihr deshalb vor, Fritz Bury mitzubringen und
kündigte an, daß der Kupferstecher Lips bereits in Weimar eingetroffen und mit Heinrich Meyer Einverständnis über sein baldiges Kommen erreicht sei.

Am 2. Mai 1790 trafen sich Goethe und Anna Amalia in Venedig und verließen am 22. des Monats die Stadt, um sich an den Kunstschätzen und der Natur der oberitalienischen Städte zu erfreuen und über Trient nach Nürnberg zu reisen, wo sich ihnen Knebel anschloß. Am 20. Juni war Anna Amalia mit ihrer kleinen Reisegruppe wieder in Weimar, wo sie freudig empfangen wurde.

Von den Plänen, in Weimar eine schöne, neue Welt mit den ihr seit Italien verbundenen Künstlern zu bauen, ließ sich nichts verwirklichen. Angelika Kaufmann erreichte Weimar nie, Fritz Bury kam erst im November 1799 und blieb bis August 1800. Lips war bis 1794 in Weimar. Nur Heinrich Meyer wurde ein echtes Mitglied der Weimarer Gesellschaft und neben Goethe zur großen Autorität in allen Angelegenheiten der bildenden Kunst.

Rückkehr nach Weimar

Von den Ereignissen der Französischen Revolution war in der abgeschlossenen, in sich ruhenden Weimarer Residenz zunächst wenig zu spüren. Freiheit, Gleichheit, Brüderlichkeit – die neuen Ideale der Zeit schlugen hier zwar Wieland, Herder, Knebel und Einsiedel in ihren Bann, führten aber am Hof zu keinerlei zustimmenden Reaktionen.

Anna Amalia hatte am 13. September 1789 aus Neapel an Knebel geschrieben:

„… man könnte über den jetzigen Zustand der Franzosen einem gewissen Griechen nachsprechen, der zu Solon sagte: ,chez vous les sages discutent et les foux decident'. Bis jetzt ist es noch völlige Anarchie, ob etwas Gutes herauskommen wird und kann, muß die Zeit lehren…"[91]

Ihre Söhne – Carl August als preußischer General und Constantin als Generalmajor in kursächsischen Diensten – waren als Offiziere der Koalitionsarmee der Österreicher und Preußen eindeutig für die Solidarität der Throne gegenüber der Revolution.

Als Anna Amalia am 20. Juni 1790 wieder Weimarer Boden betrat, fand sie ein politisches Klima vor, in dem einige *„Schwarmgeistern"* sich für die Thesen der großen Revolution begeisterten, während Regierung, Verwaltung und Bevölkerung des kleinen Staates sich abwartend, ja ablehnend verhielten.

Nach der Freude über die glückliche Heimkehr empfand Anna Amalia bald, daß sie die südländische Natur, die liebenswürdigen, lebhaften Menschen und die beständige Begegnung mit künstlerischen Genüssen vermißte. Sie hatte in Schloß Belvedere Unterkunft gefunden, da sowohl das Wittumspalais als auch Tiefurt durch Wasserschäden unbewohnbar waren und erst wieder hergerichtet werden mußten.

Von ihrer engeren Familie sah sie zunächst wenig. Carl August befand sich bei der Truppe in Schlesien und beorderte auch Goethe dorthin. Constantin fand erst im Herbst 1790 Gelegenheit, seine Mutter für vierzehn Tage zu besuchen. Louise und die Enkelkinder blieben ihr gegenüber meist auf Distanz. Louise von Göchhausen war zwar wie immer stets in ihrer Nähe, doch hatte das enge Zusammenleben während der Reise die Beziehung der beiden Frauen zueinander stark strapaziert. Konsequenzen ergaben sich dennoch aus dem vermutlich gegenseitigen Überdruß nicht.

Anna Amalia hatte eigentlich nur ihren Hof um sich, und hier vor allem Wieland und auch Herder, der mit seinem kleinen Sohn einige Wochen bei ihr in Belvedere zubrachte. Dank einer Zulage von vierhundert Talern jährlich und dem Titel Oberkonsistorialrat-Vicepräsident war er davon abgehalten worden, das Angebot einer Professur in Göttingen anzunehmen. Nun finanzierte Anna Amalia, indem sie persönlichen Schmuck verkaufte, dem von ihr so sehr geachteten Prediger und Philosophen eine Badekur in Aachen.

Im Vorjahr hatte Herder einem Geburtstagsbrief seiner Frau an Anna Amalia vom 23. Oktober 1789 folgende Nachschrift hinzugefügt: *„Komme zurück, o Fürstin, und mache den Traum uns zur Wahrheit, laß uns mit Ton und Gespräch Tiefurt Italien seyn."*[92]
Nach Thüringen heimgekehrt, fiel es Anna Amalia schwer, den italienischen Ton zu treffen. Land, Leute und Kunst – deutsche Kunst und hier vor allem deutsche Literatur – schienen ihr im Vergleich zur italienischen plump und schwerfällig. Wieland schien recht zu behalten. Im Brief vom 13. Dezember 1789 hatte er geschrieben:

„... Bey allem dem ängstigt mich doch zuweilen der Gedanke, was wird Amalia, nachdem sie das erhabenste und das schönste der Natur, das höchste und vollkommenste der Kunst, die liebenswürdigsten Menschen, den schönsten Himmel, das reizendste Land, alles was Auge und Ohr, Geist und Herz in höchstem Maaße befriedigt, kennen gelernt und genossen hat, was wird die Fürstin, deren Seele für dies Alles einen so zarten und hohen Sinn hat, sich unter diesem Allem wie in Ihrem eigensten Elementen befand, was wird Sie unter uns finden, das auch nur für den kleinsten Theil dessen, was sie verläßt, als Ersatz betrachtet werden könnte?..."[93]

Enthusiastisch, wie sie war, suchte Anna Amalia ihre Erinnerungen schreibend, musizierend und im Gespräch mit anderen lebendig zu erhalten.

Lauter Beschwörungen: Die Suche nach einer würdigen Bleibe für die mitgebrachten Kunstgegenstände, die Anfertigungen der Abgüsse, die in Briefform mit der Anrede „Liebe Schwester" verfertigten Erinnerungen an die glücklichen Tage. Sie beschrieb hierin, was sie bewahren wollte: die vollkommene Natur, die abwechslungsreichen Landschaften, die großartigen Bauwerke, die Ausgrabungen, die Kunstwerke, aber auch die Stellungnahmen und Bemerkungen ihrer Mitreisenden und der Fremden. So entstand ein sehr lebendiges, anschauliches Reisejournal.

Herder nannte die Lektüre dieses Reisejournals einen Wandel in den „Gärten der Hesperiden"[94] und war von diesen „Gedankenreisen" entzückt. *„Vom Pantheon bis ans Ende hat sie mich mit Begeisterung festgehalten und mit jedem Wort mich an Ort und Stelle versetzt*"[95], heißt es bei ihm.

Ähnlich wie später Goethe hat Anna Amalia festgehalten, was sonst schnell vergessen gewesen wäre, und von dem sie wußte, daß sie es nie wiedersehen würde. Mehr noch als in früheren Zeiten übersetzte sie nun ins Italienische, vor allem Texte von Wieland und später die Klassiker. Auch versuchte sie, mit ihrer Umgebung Italienisch zu sprechen. Weiterhin pflegte sie den Briefwechsel mit den im Süden verbliebenen Freunden, vor allem mit Angelika Kaufmann und Wilhelm Tischbein.

Die Geselligkeiten im Wittumspalais und in Tiefurt – durch die fast zweijährige Abwesenheit der Fürstin unterbrochen – fanden nun ihre Fortsetzung. 1791 kam zu den anderen regelmäßigen Zusammenkünften die Freitagsgesellschaft hinzu, die unter Goethes Regie jeden ersten Freitag des Monats bei Anna Amalia stattfand und zum Ziel hatte, Wissenschaftler und Künstler über ihre Arbeitsgebiete, Liebhabereien und Geschäfte berichten zu lassen. Jedes Mitglied der Gesellschaft war aufgefordert, über sein Wirken zu sprechen. Dies konnte die Deutung eines Gedichtes ebenso sein wie die Vorführung eines naturwissenschaftlichen Experimentes. So äußerte sich beispielsweise Bertuch über die Anlage englischer Landschaftsgärten, referierte Voigt über juristische und Herder über theologische Probleme, während Hufeland über Ergebnisse der Makrobiotik Auskunft gab.

An diesen Freitagen versammelten sich die Weimarer Geistesgrößen mit den Jenaer Gelehrten. Durch die Berufungen bedeutender Professoren wie August Wilhelm Schlegel, Schiller, Fichte, Schelling, Hegel – auch wenn diese oft nur kurze Zeit dort lehrten – kam die Universität Jena in dieser Zeit zu hohem Ansehen.

Ständige Gäste dieser Zusammenkünfte waren Anna Amalia, aber auch Louise, der Herzog von Gotha und, wenn möglich, auch Carl August.

1791 war außerdem das Jahr, in dem Goethe die Intendanz des neu errichteten Hoftheaters übernahm. Mit zunächst zweiundzwanzig Berufsschauspielern wurden Schauspiele, Opern, Operetten und Ballette eingeübt. Wenn man von nun an auch Opern von Dittersdorf, Cimarosa, Mozart, Winter u.a. und Schauspiele von Lessing, Shakespeare, Schiller usw. sah, so bestimmten dennoch für lange Zeit noch Werke von Iffland, Schröder und Kotzebue das Repertoire. Ganz allmählich aber setzte sich ein neuer Geist durch, wurde die Weimarer Bühne den berühmten Theatern in Mannheim, Wien und Berlin ebenbürtig. Goethes Inszenierungen fanden mehr und mehr Zustimmung und führten einige Jahre später bei den Uraufführungen von Schillers dramatischen Werken wie „Wallenstein", „Maria Stuart", „Jungfrau von Orleans", „Die Braut von Messina" und „Wilhelm Tell" zu den dramatischen Höhepunkten der Weimarer Klassik.

Im übrigen lebten Goethe und sein „Bettschatz"[96] sehr zurückgezogen. Nachdem Goethe gleich nach seiner Rückkehr aus Italien „Iphigenie" umgeformt und die Arbeit an „Tasso", „Egmont" und „Faust" wieder aufgenommen hatte, sah es für die Weimarer fast so aus, als wolle er sich von nun an vor allem anatomischen und botanischen Studien zuwenden. Anna Amalia und Herder fürchteten geradezu um seine poetische Produktivität und empfanden seine naturwissenschaftlichen Studien ein wenig als „*Zeitverschwendung in alten Knochen*".

Schiller war 1787 nach Weimar gekommen, nachdem er kurz zuvor den „Don Carlos" beendet hatte. Seine

„Räuber", „Fiesco", „Kabale und Liebe" hatten großes Aufsehen erregt, ihm aber wenig Freunde oder gar Förderer verschafft. In Weimar hatten ihn zwar Herder und Wieland freudig aufgenommen und sogleich zur Mitarbeit am „Teutschen Merkur" verpflichtet, doch hielten der Hof und mehr noch der von Schiller hochverehrte Goethe auf Distanz.

Erst ab 1794 – nachdem sich Goethe und Schiller in einem Gespräch über die Urpflanze endlich näher gekommen waren – begann die fruchtbare Zeit ihrer Zusammenarbeit. Ein Austausch großen Stils zwischen den beiden Geistesgrößen begann, mit dem sie sich gegenseitig förderten und im Jahrzehnt der deutschen Klassik – 1794 bis 1804 – die deutsche Dichtung zur Weltgeltung führten.

Obwohl Anna Amalia sehr bald die Größe Schillers erkannt hatte und über manche Merkwürdigkeiten im Wesen und Benehmen des Dichters hinwegsah, kam es zunächst nicht zu einem vertrauten Umgang miteinander. Anna Amalia beobachtete zu dieser Zeit und in den folgenden Jahren das Wirken Schillers stets mit Bewunderung, nicht aber mit wirklichem Gefallen. Sie hörte mit Genugtuung von seinen Erfolgen, ließ sich von den Uraufführungen seiner großen dramatischen Werke beeindrucken, um doch auch immer wieder Mißliebiges in ihnen zu entdecken.

Zu einem entspannten, freundschaftlichen oder gar herzlichen Verhältnis, wie sie es zu den anderen Weimarer Geistesgrößen unterhielt, kam es zunächst nicht. Beide Seiten fanden den Umgang miteinander anstrengend. Erst sehr viel später, als Schiller dank der Beziehungen seiner Frau Zugang zu dem kleinen auserwählten Kreis um Anna Amalia gefunden hatte und dort mit mitreißendem Schwung seine Ideen vortrug, entstand allmählich eine engere Bindung zwischen der Herzogin und dem großen Dichter.

Die Auswirkungen der großen Französichen Revolution haben Anna Amalia zu dieser Zeit tiefsten Schmerz zugefügt. Ihre beiden Söhne nahmen an dem Feldzug teil, den Carl Wilhelm Ferdinand von Braunschweig von 1792 bis 1794 als Führer des preußischen Heeres gegen die französische Revolutionsarmee befehligte. Nach der Belagerung von Mainz und den Kämpfen in der Pfalz starb am 6. September 1793 Prinz Constantin an einem typhösen Fieber in Wiebelskirchen an der Saar, ohne daß sein Bruder, der sich ganz in der Nähe seines Feldlagers aufhielt, ihn noch einmal sehen konnte.

Um Anna Amalia die Todesnachricht möglichst schonend beizubringen, verständigte Carl August zunächst nur seine Frau. Louise mußte Anna Amalia die Trauernachricht überbringen. Erst am 13. September faßte Carl August den Mut, seiner Mutter vom Tod ihres Sorgenkindes zu berichten. Constantins Leichnam wurde nach Eisenach überführt und in der dortigen Marktkirche beigesetzt.

Offensichtlich gerührt über die Anteilnahme, die Constantins Tod sowohl beim König von Preußen als auch beim Herzog von Braunschweig hervorgerufen hatte, fand auch Carl August freundliche Worte für seinen von ihm stets mißtrauisch beobachteten Bruder, der die allgemeine Hochachtung aller derjenigen erworben zu haben schien, die ihn bei der Armee kennengelernt hatten.

Anna Amalia versuchte ihren tiefen Schmerz über den Tod dieses anschmiegsamen, liebenswürdigen Sohnes zu verbergen. Sie bewahrte Haltung sowohl beim Empfang der Todesnachricht als auch in den kommenden Tagen und Monaten. Ein Sich-gehen-lassen gab es für sie nicht.

An ihren Bruder Friedrich August schrieb sie am 15. September 1793: „... *Du hast ein Herz, lieber Fritz, ich weiß, daß Du mit einer Mutter leidest, die sich in der größten Betrübnis befindet und daß Du teilnimmst an meinen lebhaften Schmerzen...*" und weiter: „... *Ach, es bleibt mir nur ein Sohn, von dem ich mir auf jeden Augenblick traurige Nachrichten zu gegenwärtigen habe. Gott behüte mich davor und führe ihm sein Herz auf Friedensgedanken und wenn er mit Ehren sich entscheiden kann, Dir in Deinem Beispiel zu folgen, so sind das augenblicklich meine einzigen Wünsche*".[97]

Carl August erfüllte die Hoffnungen seiner Mutter und wandte sich vom kriegerischen Geschehen ab. Ermüdet und enttäuscht von diesem miserabel geführten Feldzug in Frankreich und den Rheinlanden kehrte er 1794 nach Weimar zurück und schloß sich 1796 der Neutralitätspolitik Preußens an. Er sicherte so für sein kleines Land die Friedensjahre, in denen die Weimarer Klassik sich entfalten konnte.

Im Park von Tiefurt ließ Anna Amalia ihrem Sohn Constantin ein Denkmal setzen mit der Inschrift:

„*Im zweiten Jahr des unseligen Krieges, der auch ihn hinwegnahm, Ihrem zweiten und letzten, zu früh geschiedenen Sohn Constantin, trauernd Amalia. Den gebildeten Jüngling, den werdenden Mann entriß die Parze.*"[98]

Die späten Jahre der Herzogin

An der Wende vom achtzehnten ins neunzehnte Jahrhundert war Anna Amalia eine Frau Anfang der Sechzig. Für damalige Zeiten ein beträchtliches Alter! Nicht nachgelassen hatten in den vergangenen Jahrzehnten die Verehrung und die Liebe, die ihr ihre Landeskinder entgegenbrachten, ebenso wenig die Anerkennung, die ihr das Ausland als deutsche Fürstin und als Stifterin des Weimarer Musenhofes zollte.

Freundschaft und Hochachtung der nach wie vor mit ihr verbundenen Geistesgrößen Wieland und Herder waren ihr ebenso sicher wie die Zuneigung ihres Sohnes und ihres kleinen Hofstaates.

Dem geistreich geselligen Leben, dem sie einst unermüdlich als treibende Kraft vorgestanden hatte, blieb sie eng verbunden, aber sie betätigte sich nicht mehr als aktive Gestalterin.

Ruhigere Jahre waren angebrochen!

Vorbei die Zeiten, da sie und die Göchhausen das Liebhabertheater maßgeblich bestimmt hatten, vorbei die Tage, an denen sie als Schauspielerin auf der Bühne stand, vorbei auch die vergnüglichen Stunden, in denen das Tiefurter Journal entstand. Nichts wiederholte sich. Zwar war Anna Amalia nach wie vor schreibend, komponierend, malend tätig, doch geschah alles nur noch zur privaten Freude.

Weimar wurde inzwischen von den Genies der Epoche geprägt. Überall entfaltete sich, was Anna Amalia angeregt hatte. Ganz in ihrem Sinne übernahmen Carl August und mehr noch die inzwischen in Weimar versammelten Dichterfürsten die Initiative.

Anna Amalia zeigte Teilnahme, beobachtete verständnisvoll, mischte sich aber immer seltener ein und gab kaum noch Anstöße.

Aber noch einmal wandte sich ein später bedeutender junger Dichter, angezogen vom Ruf des Weimarer Hofes, an sie. Jean Paul Richter war vom Herbst 1798 bis Frühjahr 1801 in Weimar. Die Italienerlebnisse Anna Amalias, die ihr immer wieder Gesprächsstoff waren, hatten seine Phantasie derart angeregt, daß er seinen in Weimar verfaßten Roman „Titan" an italienischen Orten spielen ließ. Einfühlsam versuchte Anna Amalia dem jungen Dichter die Schüchternheit zu nehmen und ihn im Umgang mit der Hofgesellschaft selbstbewußter zu machen. So schrieb sie beispielsweise dem jungen Genie, nachdem es sich für eine ihm gesandte Rose bei ihr bedankt hatte:

„Sie, lieber Herr Richter, binden einen schönen Kranz aus den wenigen Blumen, die ich Ihnen darreichte, die keinen andern Werth hatten, als daß sie Abdrücke meines Gefühls waren: Tugend und Talent in Ihnen zu verehren und die Hochachtung an den Tag zu legen, mit welcher ich stets sein werde... Ihre aufrichtige Freundin Amelie."[99]

Sich gleich geblieben war Anna Amalia also in der uneingeschränkt aufrichtigen Verehrung genialer Menschen, die für sie Abbilder der Vollkommenheit waren.

Eine Reihe sie tief treffender Todesfälle kennzeichnen diese späten Lebensjahre. Am 16. Februar 1801 starb nach langer Witwenschaft ihre Mutter, Herzogin Philippine Charlotte, in Braunschweig. Während ihres Lebens hatte sie sich intensiv mit Kunst und Literatur befaßt und darüber die zahlreichen Eskapaden ihres Mannes mit Sängerinnen und Schauspielerinnen vergessen. Ihr Testament, in dem sie ihrer Tochter Äbtissin Auguste Dorothea von Gandersheim die reichsten Legate vermachte und von den übrigen Kindern Achtung und Billigung dieses eigenmächtigen Schrittes verlangte, stieß bei Anna Amalia zwar auf Respekt, doch auch auf Widerstand.

Von ihren Geschwistern – die der oberste Erzieher der braunschweigischen Fürstenkinder, der Abt Jerusalem, einst als einen *„liebenswürdigen Blumengarten"* bezeichnet hatte, allesamt durch *„die feinsten Sinne, die lebhafteste Einbildung, den richtigen Verstand und das beste Herz"*[100] ausgezeichnet – standen Anna Amalia vor allem ihre beiden bekannt gewordenen Brüder nahe. Der von ihr besonders geliebte Bruder Fritz – Friedrich August von Braunschweig – hatte zu dieser Zeit vor, sich in Weimar niederzulassen und in der Nähe seiner Schwester den Lebensabend zu verbringen. Zur Taufe des ersten Urenkels Anna Amalias am 7. Oktober 1805 angereist, starb er, kaum in Weimar angekommen, bereits einige Tage später. Den Schmerz über diesen Verlust versuchte Anna Amalia tapfer zu tragen. Doch begriff sie die zahlreichen Schicksalsschläge der vergangenen Jahre auch als Härte. Tief und schmerzhaft getroffen, sprach sie von ihrem *„nicht versöhnten Schicksal"*.

Ein Jahr später verlor sie auch noch ihren Bruder Carl Wilhelm Ferdinand, den bekannten Feldherren, durch eine Kriegsverwundung.

Doch auch ihre Freunde und deren Familien erlitten Verluste, die unersetzbar blieben. Wielands Frau Dorothee starb Ende 1801. Der Dichterphilosoph schloß sich daraufhin noch enger seiner Fürstin an. In einem Brief vom 1. August 1802 berichtete er:

„... Ich lebe seit Anfang des Juni bei meiner gütigen Herzogin in ihrem elysischen Tiefurt, welche mit einer, an Personen ihres Standes vielleicht beispiellosen

Zartheit, Schonung, Aufmerksamkeit, Achtung und
Freundschaftlichkeit ihr Möglichstes thut, mich zu erhei-
tern und vergessen zu machen, daß ich ohne meine Alce-
ste (die mir kein Herkules wieder bringt) wohl zuweilen
glücklich scheinen, aber nicht sein kann..."[101] Nachdem
Wieland sein Gut Oßmannstedt aufgegeben hatte, zog er
endgültig nach Weimar und damit in die Nähe Anna
Amalias, deren jeweiligen Aufenthaltsort er als „ein
Himmelreich" bezeichnete.

Am tiefsten aber waren Anna Amalia, der Hof und
auch die Weimarer Bevölkerung vom Ableben Herders
am 18. Dezember 1803 betroffen. Als Gelehrter, als
Dichter, als Mensch schien er unersetzbar. Anna Amalias
Klage in einem Brief an Frau von Knebel, die ehemalige
Schauspielerin Louise Rudorf, vom 3. Januar 1804
drückt aus, was man allgemein empfand:

„*... Ich danke Dir liebe Rudel, für Deine Glückwün-*
sche, ich habe sie sehr nöthig, der Verlust, den wir hier
durch Herders Tod gemacht haben, hat mir ein sehr
trauriges und schmerzhaftes Neujahr gegeben, den un-
ersetzlichen Verlust, den ich durch diesen Tod erfahren,
kann ich nicht ausprechen. Seyn Geist wird mich hoffent-
lich doch noch immer umschweben! Alle guten Menschen
fühlen tief diesen großen Verlust."[102]

Doch gab es in diesen letzten Lebensjahren Anna Amalias zumindest ein Familienereignis, das ihre Zustimmung fand und ihr noch einmal Familienglück und
Freude bereitete. Es war dies die Vermählung des Erbprinzen Carl Friedrich mit der Großfürstin Maria
Pawlowna (1786–1859), Enkelin Katharinas der Großen
und Tochter des Zaren Paul und der aus Württemberg
stammenden Maria Feodorowna. Im Sommer heirateten

die jungen Leute in St. Petersburg und fuhren am 9. November 1804 in einer von acht isabellenfarbenen Pferden gezogenen prachtvollen Kutsche in Weimar ein. Während Carl August dem jungen Paar zur Begrüßung bis Küstrin entgegengereist war, Louise sie in Naumburg erwartete, empfing sie Anna Amalia, wie sie selbst bemerkte, *„in Geduld und Demut"*[103] an der letzten Treppenstufe des nun endlich wiederaufgebauten Schlosses.

Im Kreise um Anna Amalia fand die junge Prinzessin bald viel Anerkennung. Anna Amalia bewunderte ihre Klugheit, Liebenswürdigkeit, Gewandtheit, Grazie und ganz sicher auch den unbeschreiblichen Reichtum der neuen Enkelin. Louise von Göchhausen schilderte die Beziehung Anna Amalias zu Maria Pawlowna richtig, wenn sie schreibt:

„... Diese gute Fürstin lebt nur in ihrer Enkelin, die sie mit kindlicher Zärtlichkeit liebt und auf einem zwanglosen, zutraulichen Fuße mit ihr lebt. Alle Wochen, zuweilen einige Male in der Woche schreibt sie ihr vormittags: Chère Grand'maman, si Vous le permettez mon mari et moi viendrons ce soir souper avec Vous. "[104]

Neben diesen familiären Vergnügungen gab es manche Abwechslung durch bedeutende in- und ausländische Besucher, die sich in Weimar einfanden.

Einer der herausragendsten Gäste war 1805 der berühmte Phrenologe Gall, der Lavaters[105] Werk vollendete und dem Anna Amalia in Tiefurt zusammen mit vierzehn weiteren wissenschaftlich interessierten Persönlichkeiten ein Essen gab. Ein ebenfalls bedeutender Gast war Jean Joseph Mounier, der einst zu den ersten Führern der Revolution von 1789 gehört, sich dann aber vom revolutionären Geschehen abgewandt hatte und nun in Weimar ein Erziehungsinstitut zu gründen wünschte. Die für Anna Amalia vermutlich imponierendste Gestalt aber war wohl Madame de Staël, die mutige Einzelkämpferin, die die deutschen Höfe besuchte, nachdem Napoleon sie aus Frankreich ausgewiesen hatte, und dabei 1803 auch nach Weimar kam.

In diese von vielen privaten Ereignissen geprägte Zeit griff unerbittlich auch der Krieg ein. Napoleon hatte sich auf den Weg gemacht, die Welt zu erobern, Europa zu zerstören und neu zu ordnen.

Die Auseinandersetzungen zwischen Preußen und Frankreich von 1806/07 machten es erforderlich, daß auch Weimar seine Truppen bereitstellte. Carl August als preußischer General übernahm den Oberbefehl der preußischen Avantgarde und erwartete den Feind im Unstruttal. Anna Amalias jüngster Enkel Bernhard trat als Vierzehnjähriger freiwillig in das preußische Heer ein. Währenddessen verließen der Erbprinz und die Prinzessin Maria Pawlowna auf Wunsch des Zaren Alexander[106] am 11. Oktober 1806 Weimar und flohen zunächst nach Schleswig, später nach Warschau und schließlich nach St. Petersburg.

Als die Franzosen Weimar bedrängten, schlugen die Preußen hinter der Residenzstadt ihre Lager auf, biwakierten im Stern, hielten in der Stadt viele Quartiere besetzt und übten sich in großangelegten aufwendigen Paraden. Selbst der preußische König und die Königin Louise hielten sich in Weimar auf und bewohnten am Frauentor das Helldorfsche Haus.

Am Morgen des 14. Oktobers 1806 hörte man in Weimar dann den Kanonendonner der großen Schlacht. Nach einem ersten Aufeinandertreffen in Saalfeld am

11. Oktober 1806 brachten die Franzosen der preußischen Armee in der Doppelschlacht von Jena und Auerstedt die entscheidenden Verluste bei.

An diesem Tag bestürmte Herzogin Louise ihre fast siebenundsechzigjährige Schwiegermutter, sich zusammen mit ihrer Enkelin Caroline – zu dieser Zeit zwanzig Jahre alt – in Sicherheit zu bringen, Weimar zu verlassen und nach Braunschweig zu fliehen. Es war an sich nicht Anna Amalias Art, vor Schwierigkeiten und Bedrohungen fortzulaufen. Noch am 13. Oktober hatte sie überlegt, ob sie fliehen oder der zur Schau gestellten preußischen Siegesgewißheit vertrauen sollte. Nun beugte sie sich dem Drängen Louises, die entschieden hatte, allein zurückzubleiben und das Weimarer Herrscherhaus zu vertreten.

Am Morgen des 14. Oktober begab sich Anna Amalia auf eine vierzehntägige Irrfahrt, die sie statt nach Braunschweig über Erfurt nach Heiligenstadt, von dort nach Göttingen, Kassel und zurück nach Eisenach und Weimar führte. Mit den beiden fürstlichen Damen reisten die Göchhausen und Freiherr von Einsiedel. Louise von Göchhausen schreibt über die Flucht:

„Dampf und Feuer schlug in die Wolken; auf der Chaussee retirirten schon Kavallerie und Bagage. Wie wir auf die Hälfte des Weges nach Erfurt zu kamen wurde es stiller, auch hörte die Retirade auf. Kaum waren wir einige Stunden in Erfurt, so kam die Nachricht, es stehe der Feind bereits 1 1/2 Stunden davon. Unsre Flucht aus der Stadt mit aller Kavallerie, Blessirten und Flüchtigen war fürchterlich. Mehr oder weniger wurden wir auf diese Weise über Langensalza, Mühlhausen bis Heiligenstadt gejagt. Dort erhielten wir durch den General v. Pfuel die traurigsten Nachrichten, den 16 kamen wir in

Göttingen an. Hier erwarteten wir Briefe und diese ver-
anlaßten uns, den dritten Tag nach Kassel zu gehen. Hier
ruhten wir wirklich aus, denn wir sahen weder Freund
noch Feind. Die Sehnsucht nach Weimar war unbe-
schreiblich und den 23 kamen wir in Eisenach an. Die
guten Eisenacher wollten die Herzogin garnicht wieder
weg lassen; denn sie erschien ihnen wie ein Schutzgeist;
auch stiftete sie manches Gute. Den 30 kamen wir end-
lich noch wieder zurück. Wir fanden Unglück und man-
ches Elend und doch fanden wir auch Ursache Gott und
unsrer trefflichen Herzogin zu danken, daß es nicht noch
schlimmer wurde.

Aus den fürstlichen Ställen sind alle Pferde und die
meisten Wagen noch mit fort, und die ganze Familie
fährt mit 2 Pferdchen, die wir zufällig noch mit auf der
Reise hatten. "[107]

In Weimar hatten die plündernden französischen Truppen manches Unheil angerichtet, doch auch gelegentlich
sich sehr zivil und rücksichtsvoll verhalten. So hatten vor
allem die anwesenden Großen des Geistes wie Wieland
und Goethe zwar einige Unannehmlichkeiten, letztlich
aber Schonung erfahren.

Anna Amalias Wittumspalais gehörte zu den erhalte-
nen Gebäuden. Die Franzosen hatten eine Sauvegarde[108]
hineinverlegt. Nur der Weinkeller war geplündert. In
Tiefurt hingegen war im Gebäude vieles zerstört oder
geraubt. Zeichnungen waren aus den Rahmen genommen worden, Kanonenbeschuß hatte eine Wand durch-
schlagen, und der Spiegel über dem Kamin war zersplit-
tert.

Für Herzogin Louise aber wurde die Belagerung und
Besetzung Weimars durch Napoleon zu einem wahren

Ruhmesblatt. Mit großem persönlichen Mut hatte sie den Eroberer auf der obersten Stufe der Schloßtreppe mit Würde empfangen. Gelassen und sachlich überstand sie die Audienzen, die ihr der Kaiser gewährte. Sie ließ sich durch nichts einschüchtern, auch nicht durch die Drohung Napoleons, nicht nur den kleinen thüringischen Staat, sondern auch ihren Mann als Verbündeten Preußens zu vernichten. Ruhig und unerschüttert sprach sie mit Napoleon, der, selbst sitzend, ihr keinen Stuhl anbot. Besonders haßerfüllt zeigte sich der Korse gegenüber Carl August. „J'écraserai votre mari"[109], soll er gedroht und ihn persönlich für die Folgen verantwortlich gemacht haben, die Weimar wegen seiner Bindung an Preußen zu erwarten hatte.

Louise soll in diesen Gesprächen Napoleon klar gemacht haben, daß Carl August als sächsischer Fürst den kursächsischen Beschlüssen zu folgen hatte, daß er als preußischer General sich nicht in den Stunden der Gefahr hätte neutral verhalten können und er zudem ein Verwandter des preußischen Königs sei.

Napoleon jedoch bestand darauf, daß Carl August die preußischen Dienste zu verlassen und in sein Land zurückzukehren habe. Galant fügte er hinzu, daß er nur um Louises Willen Weimar und das Land verschonen werde.

Die meisten Weimarer und viele Untertanen im Herzogtum waren zu dieser Zeit gegen Carl August aufgebracht, der, sollte dem Land Übel geschehen, sich durch sein Handeln ihrer Meinung nach schuldig gemacht hatte. Im Durcheinander der Flucht war Carl August für mehrere Tage unerreichbar. Als die Weimarer Boten ihn endlich fanden, beeilte er sich nicht, nach Hause zurückzukehren. Unterdessen verhandelte Regierungsrat

Friedrich Müller weiter mit Napoleon, versuchte ihn zu beschwichtigen und hinzuhalten.

Vermutlich mit Rücksicht auf die Bindung des Weimarer Hofes an Rußland schien es Napoleon nicht ratsam, das Herzogtum Sachsen-Weimar-Eisenach zu vernichten. Offiziell gewährte er „aus Rücksichtsnahme auf die tapfere Herzogin" ihrem Gatten Gnade. Der preußische König entband daraufhin seinen treuen General aus seinen Pflichten. Carl August kehrte in sein Land zurück. Sachsen-Weimar-Eisenach trat dem Rheinbund bei.

In diesen Tagen ging die Welt Anna Amalias unter.

Preußen, zu dem sie sich immer zugehörig gefühlt hatte, von dem sie sich beschützt fühlte, dessen Glanz sie teilte, erlebte seine schwersten Niederlagen. Der Staat Friedrichs des Großen existierte nicht mehr. Die preußische Königsfamilie und das preußische Heer wurden von Napoleons Truppen bis in die Tiefe Ostpreußens gejagt.

Braunschweig, ihre Heimat, das Geschlecht der Herzöge von Braunschweig-Wolfenbüttel war von Napoleon vernichtet worden.

Ihr Bruder Carl Wilhelm Ferdinand von Braunschweig, einst ein berühmter Heerführer, war dazu überredet worden, im Kampf gegen Napoleon den Oberbefehl über die preußischen Truppen zu übernehmen. Nun erfuhr er in der großen Doppelschlacht von Jena und Auerstedt seine tiefste Niederlage. Schwer verwundet bat er Napoleon um Gnade. Nur als preußischer General, nicht als Landesfürst habe er gegen ihn gekämpft. Doch Napoleon kannte kein Pardon. Braunschweig wurde ein Teil des neuen Königreichs Westfalen. Carl

Wilhelm Ferdinand starb – wie bereits berichtet – an seinen Verwundungen am 10. November 1806.

Es gibt kaum Zeugnisse darüber, wie Anna Amalia alle diese Ereignisse aufnahm und verarbeitete. Haltung hat sie lebenslang bewahrt. Das Schicksal war oft nicht sanft mit ihr umgegangen. Das Ende ihres Lebens brachte ihr fast genau so viel Bitternis wie der Beginn. „*Elle vit s'écrouler l'existence de toute sa famille, – ... elle soutint avec beaucoup de tranquillité tous ces événements, absorba sa douleur en elle-même*", berichtete Carl August an Madame de Staël.[110]

Sie selbst antwortete auf einen Beileidsbrief Knebels zum Tode ihres Bruders: „*Ich beruhige mich mit dem Trost, daß ich ihn glücklich finde, nicht mehr die Schmach der Menschheit zu empfinden, die mehr als Tod ist und die Menschen zu Tieren heruntersetzt.*"[111]

Es waren nicht nur diese, wenn auch schwerwiegenden äußeren Veränderungen, die Anna Amalia erschütterten. Sie mußte erfahren, daß der neue Geist, der über Europa wehte, auch viele als selbstverständlich geltende Werte und Verhaltensweisen in Frage stellte.

Verärgert vermerkte sie, daß Goethe sich als unpolitischen Menschen empfand und seine Studien ihm offensichtlich wichtiger als das Weltgeschehen waren.

Erstaunt war sie auch über Bertuch, der bereits 1802 in seinem Journal das selbstbewußte, unternehmensfreudige Staatsbürgertum gepriesen hatte und nun neugierig und fast enthusiastisch der neuen Zeit entgegensah.

Ein wenig argwöhnisch beobachtete sie Johanna Schopenhauer, die einen literarischen Salon errichtete, der wie einst Anna Amalias Tafelrunde viele der Weimarer Geistesgrößen zu Gespräch, Lesung, Disput versammelte.

Empört aber war sie über ihren langjährigen Ratgeber und Freund, den Kurmainzer Statthalter von Dalberg, der sich ganz dem französischen Kaiser zugewandt hatte. Bald darauf wurde er von Napoleons Gnaden Großherzog von Frankfurt, Fürstprimas des Rheinbundes und Ratgeber in kirchlichen Angelegenheiten.

Mehr als unter all diesen Veränderungen aber litt Anna Amalia darunter, daß ihr Land verwüstet und entkräftet, ausgeraubt und zerstört war und ihr jahrzehntelanges Bemühen um das Glück und Wohlergehen von Sachsen-Weimar-Eisenach vernichtet schien.

Anna Amalias Tod

Am Freitag, den 10. April 1807, starb Anna Amalia im Wittumspalais.

Einige Tage zuvor war sie erkrankt, hatte aber der fiebrigen Erkältung kaum Bedeutung beigemessen. Ihr Tagesablauf erfuhr jedenfalls keine besondere Korrektur. Weiterhin ging sie ihren gewohnten Beschäftigungen nach, und ihrer Umgebung schien sie heiter und gelöst.

Am Vorabend ihres Todes jedoch sorgte sich Herzogin Louise wegen des veränderten Aussehens ihrer Schwiegermutter. Beunruhigt wies sie auf eine mögliche ernsthafte Erkrankung hin.

An ihrem Todestag selbst empfing Anna Amalia um die Mittagszeit noch einmal ihren Sohn Carl August zu einem längeren Gespräch. Als er gegangen war, fühlte sie sich ermattet und fiel in einen tiefen Schlaf. Aus ihm ist sie nicht mehr erwacht. Sie starb an diesem Nachmittag zwischen vierzehn und fünfzehn Uhr an einem Schlaganfall. Als Carl August gegen sechzehn Uhr noch einmal nach seiner Mutter sehen wollte, war sie bereits entschlafen.

Am 18. April 1807 berichtete das „Weimarische Wochenblatt" von der Beisetzung Anna Amalias:

„Nachricht von der Beerdigung der Frau Herzogin Mutter, Anna Amalia, Herzogl. Durchl.

Auf höchsten Befehl sollte die Hochfürstl. Leiche standesmäßig mit gehöriger Parade am verwichenen Montag, den 13. D. M., öffentlich ausgestellet und gesehen, sodann am folgenden Morgen, 3 Uhr, in der Haupt- und Pfarrkirche, vor dem Altar, neben den vor wenig Jahren daselbst begrabenen Herrn Bruder der höchstseeligen, Herrn Herzog von Braunschweig, Oels, Durchl., beygesetzt werden.

Es wurde deshalb der Saal in der obern Etage des Herzogl. Palais zur Aufstellung des Paradebettes gewählt; die-

ser mit schwarzem Tuch ausgeschlagen; in der Mitte von oben herein eine mit dergleichen Tuch belegte Estrade von 3 Stufen errichtet, auf welche das Postament in Aufstellung des Sarges ebenfalls mit schwarzen Tuch beleget war.

Zum Haupte war ein Baldachin von schwarzen Sammt mit silbernen Franzen und Tressen besetzt und mit 2 dergl. auf beiden Seiten zurückgesteckten Mänteln versehen.

Von diesem Baldachin aus hiengen zwischen silbernen Wandleuchtern zur linken Seite an Festons von Silberzindel die Wappen des Braunschweigisch-Lüneburgschen Hauses, zur Rechten aber des Sächsischen Hauses.

Der Sarg stand auf 4 versilberten Löwenklauen, die Leisten waren gleichfalls versilbert, das übrige aber mit schwarzen Sammt und innerhalb der Leisten, mit silbernen breiten Tressen besetzt.

Auf beiden Seiten waren 4 silberne Handhaben mit dergl. Schildern in getriebener Arbeit, so wie auch zu Haupt und Fuß. Eben so war der Deckel beschaffen.

Der Blindsarg von weichem Holz war mit weißen Atlas ausgeschlagen und die 2 Kissen von weißen Atlas gefertigt, und mit wohlriechenden Kräutern gefüllt. In diesem Blindsarg wurde von der weiblichen Bedienung und den Aerzten, kurz vor der Parade, die Fürstl. Leiche gelegt, und eingekleidet, und sodann von den Bedienten unter ersterer Begleitung in den Saal getragen, und in den auf der Parade stehenden Sarg gesetzt. Das Sterbekleid war von weißen Atlas, mit einer sehr langen mit Frisur versetzenen Schleppe, der Aufsatz eine Spitzenmütze mit weißem Atlasband. Außerdem war die Leiche angethan mit einem Mantel von karmesinrothen Sammt mit Hermelin aufgeschlagen. Eben so von Hermelin der darüber befindliche Krägen.

Beim Haupte standen zu beyden Seiten 2 Tabourets mit rothsammetnen, mit silbernen Franzen und Tressen besetzten Kissen, auf welchem rechts der Fürstenhuth von rothen Sammt mit den Brillanten der Verstorbenen besetzt, auf dem andern links aber ein Zepter mit Perlen umwunden, als das Zeichen der Regentschaft, gelegt waren.

Zwei dergl. Tabourets standen zu den Füßen des Sargs, auf welchen rechts der Russische St. Catharinen-Orden und links der Weimarische Hausorden befindlich waren.

Unterhalb der Estrade auf der letzten Stufe lag der Deckel desselben, der Länge nach herunter, wovon einen Theil desselben die Schleppe des Sterbekleides bedeckte.

Zu dieser Parade wurden außer den dabey erforderlichen Hofdamens und Kammerfrauen, einige Vasallen des Herzogl. Hauses sowohl, als einige Cavaliers, wirkliche Räthe und Diener, nämlich 4 Vasallen, 3 Räthe von Herzogl. Regierung, eben so viel von Herzogl. Cammer, und 2 Secretarien aufgefordert und angestellt:...

Diese Parade dauerte von 4 Uhr bis Abends 9 Uhr. Die Treppe war mit schwarzen Tuch belegt, und die Palustarde mit dergl. Tuch überzogen, auch war das Zimmer vor dem Saale schwarz ausgeschlagen. Auf den Treppen standen 2 und 2 Husaren. Am äußern Eingange des Palais befanden sich, dem Zudrange des Volks abzuwehren, einige von dem hiesigen Jäger-Bataillon, so wie auch einige vor dem innern Eingange des Palais, und eben so viel vor dem Ausgange desselben nach dem Palais des Fürsten Reuß zu, so daß Truppweis die Schaulustigen vorn herein und hinten wieder hinaus gelassen werden konnten.

Die paradierenden Personen wurden anfangs jede Stunde, in der letzten Stunde aber zur halben Stunde *abgelöst. Die Hofdamen und Cammerfrauen, welche sich in einem besondern Zimmer aufhielten, lößten sich jedesmal einige Augenblicke vor der Ablösung der Andern besonders ab.*

Nach beendigter Parade wurden die Insignien von dem Scatoullier Ludecus in Verwahrung genommen, die Leiche gehörig einpalsamirt, und der Sarg, nachdem er von der Estrade heruntergesetzt worden, mit dem Deckel versehen, und von zwey Cammerfrauen, zwey Cammerlaquais und einem Bedienten, die von Stunde zu Stunde abgelößt wurden, bis zur Beerdigung bewacht.

Gegen 3 Uhr Morgens wurde die Fürstl. Leiche, nach dem der Sarg erst wieder geöffnet worden, von 12 Hofbefreiten in schwarzen Kleidern, ohne Mäntel, aber mit geckigten mit Flor versehenen Hüthen, unter Aufsicht des Herrn Cammerjunkers von Ziegesar, auf dem Leichenwagen gebracht. Denselben zogen 6 Hermelinhengste mit schwarztuchenen Rappen, ein jeder geführt von einem Herrschaftlichen Stallbedienten in der nämlichen Kleidung wie die Hofbefreiten. Zu jeder Seite des Zugs gingen, (da die Beysetzung in der Stille geschehen,) nicht mehr als 6 Stallbediente mit Flambeaux.

Hinter dem Wagen her ging der Herr Cammerjunker von Ziegesar, als Marschall, mit Stab und gehöriger Kleidung.

Die Begleitung bestand in 2 inwendig drappirten und auswendig schwarz angestrichenen zweysitzigen Wagen, mit 2 Hofdamen und 2 Cammerfrauen und nach diesen die sämtliche Dienerschaft der Höchstseligen welche zwey und zwey, nach ihrem Range, dem Wagen folgten, sämtliche männliche Personen mit Mänteln und Hüthen mit Flören.

*Die Kutscher hatten wie die übrigen Stallbedienten
schwarze Kleider.*

*Der Zug ging directe vom Palais durch die Rittergasse
bis an die kleine Kirchthür auf dem Töpfenmarkte, wo
hinein der Sarg getragen wurde.*

*Auf dem Altar standen 2 dreyarmige Girandoles mit
Wachslichtern; eben soviel auf Gueridons neben der kleinen Kanzel. Neben der Gruft, die neben der Gruft des
Herrn Herzogs von Braunschweig-Oels zur Rechten vor
dem Altar befindlich war, standen Gueridons mit Wachslichtern, die 3 Kronleuchter hingegen und die von der
Gruft bis zur kleinen Kirchthür angebrachten Placker,
waren mit Lichtern erleuchtet. Die Leiche wurde lediglich von dem Herrn Generalsuperintendent Voigt empfangen und von demselben bey der Einsenkung ein kur-
zes Gebet gehalten und der Segen gesprochen.*

*In die Kirche wurde außer den Begleitern niemand
eingelassen, diese aber blieben bis die Gruft, nach gesche-
hener Einsenkung, mit einem hölzernen Deckel zum
Zumauern geschlossen worden war.*

*Der Leichenwagen ging sogleich nach seinem Auf-
bewahrungsorte zurück, die weibliche Begleitung aber
fuhr nach Beendigung dieser Ceremonie in das Palais
zurück, womit sich dieser Trauer-Actus beschloß.*"[112]

Betrauert wurde Anna Amalia von ihrer Familie, dem
Hof, den Weimarern und letztlich der ganzen gebildeten
Welt. Von den Gedanken und Gefühlen bei ihrem Ableben gibt vermutlich der Brief ihres Bibliothekars Fernow
an den Schulmann und Schriftsteller Böttinger die tref-
fendste Auskunft. In ihm heißt es:

*„Unsere verehrte, unsere gute Fürstin ist nicht mehr…
Wir sind alle traurig und in Thränen; vielleicht ist kein*

*Haus in Weimar, wo dieser edeln Fürstin nicht Thränen
fließen. Ach! obgleich sie das Gute, zu dem sie sich berufen
fühlte, längst vollbracht hat, so haben wir doch viel verloren; wie werden es erst empfinden, nun wir sie nicht mehr
besitzen. Sie wußte den Fürsten und den Menschen in sich
zu vereinigen. Sie zog die besten Geister an sich, wo sie sie
fand, das wird nun in Weimar nicht mehr geschehen, und
sind Wieland und Goethe einmal nicht mehr, so wird Weimars Glanz und Ruhm, den Amalia ihm erwarb, nur noch
in der Geschichte leben. Wir wollen uns glücklich preisen,
daß wir in dieser Zeit gelebt und diese Fürstin gekannt
haben; eine bessere sehen wir nicht wieder, auch ihres
Gleichen nicht. Dies fühlt jeder hier, und das ist das Gefühl, mit welchem wir um sie trauern, ja es liegt selbst ein
Trost darin, das Vortreffliche und Unersetzliche gekannt
zu haben und es betrauern zu dürfen. Das ist the joy of
grief, die ich in diesen Tagen im vollkommensten Maße
empfunden habe; ich habe selbst nicht geglaubt, daß ich so
sehr an der besten Fürstin hänge...* «[113]

Goethe hatte die Aufgabe übernommen, den offiziel-
len Nachruf zu verfassen, der am Sonntag, den 19. April
1807, von allen Kanzeln des Fürstentums verlesen
wurde.

Feierlich heißt es hier:

„*...Das ist der Vorzug edler Naturen, daß ihr Hin-
scheiden in höhere Regionen segnend wirkt, wie ihr Verweilen auf der Erde; daß sie uns von dorther, gleich Ster-
nen, entgegen leuchten, als Richtpunkte, wohin wir
unsern Lauf bei einer nur zu oft durch Stürme unterbro-
chenen Fahrt zu richten haben, daß diejenigen, zu denen
wir uns als zu Wohlwollenden und Hilfreichen im Leben
hinwendeten, nun die sehnsuchtsvollen Blicke nach sich
ziehen, als Vollendete, Selige.*«[114]

Einfacher und ergreifender aber sagt er im Entwurf zu einer Grabinschrift, was über Anna Amalia zu sagen ist:

„Anna Amalia
zu Sachsen
Gebohrne zu Braunschweig
erhabenes verehrend
Schönes geniesend
Gutes wirkend
Förderte sie alles
was Menschheit
ehrt ziert und bestätigt
Sterblich
1739–1807
unsterblich nun
fortwirkend
fürs
Ewige. "[115]

Zeittafel

1739: Am 24. 10. 1739 wird Anna Amalia als fünftes Kind des Braunschweig-Wolfenbüttler Herzogpaares Carl I. und Philippine Charlotte, einer Schwester Friedrichs des Großen, in Wolfenbüttel geboren.

1739–1756: Zusammen mit ihren begabten Geschwistern und Bürgerskindern erzieht man Anna Amalia nach den aufklärerischen Grundsätzen des Abtes Jerusalem. Im Selbstzeugnis „Meine Gedanken", vermutlich 1772/73 unter dem Einfluß Wielands entstanden, übt Anna Amalia herbe Kritik an ihrer Erziehung. Diese richtet sich vermutlich gegen die Oberhofmeisterin von Winterfeld und mehr noch gegen die Hofmeisterin der Kammerjungfrauen Catharina Elisabeth Benzin.

1756: Am 16.3.1756 heiratet die sechzehnjährige Anna Amalia den achtzehnjährigen Ernst August Constantin, Herzog von Sachsen-Weimar-Eisenach (1737–1758), in Braunschweig. Am 24.3.1756 zieht das jugendliche Paar in seine Residenzstadt Weimar ein.

1757: Dem jungen Weimarer Herzogpaar wird am 3.9.1757 der Erbprinz Carl August geboren.

1758: Viel zu früh stirbt am 28.5.1758 Herzog Ernst August Constantin.

Am 8.9.1758 wird der zweite Sohn des Herzogspaares, Friedrich Ferdinand Constantin, geboren.

1759: Nach großem Widerstand, vor allem des Wiener Hofs, gelingt es Anna Amalia am 9.7.1759 Vormundschaftsregentin und damit alleinverantwortlich für ihre Herzogtums und die Erziehung ihrer Söhne zu werden.

1759–1775: Sechzehn Jahre lang regiert Anna Amalia ihr landschaftlich schönes, wirtschaftlich schwaches und politisch unbedeutendes Land. Als spätabsolutistische

Herrscherin versteht sie es, die zeitgemäße Ordnung aufrecht zu erhalten und den bescheidenen Wohlstand und die Zufriedenheit ihrer Landsleute zu mehren.

1772: Anna Amalia gelingt es, Christoph Martin Wieland, den bedeutendsten Dichterphilosophen der Zeit, als Prinzenerzieher an ihren Hof zu binden. Dies ist ihre kulturhistorisch wichtigste Tat. Seither spricht man in der gesamten deutschsprachigen Welt mit höchstem Lob über diese geistig interessierte, menschlich aufgeschlossene, Künste und Philosophie hoch achtende junge Witwe. Der Weimarer Hof wird zum Anziehungspunkt für das geistige Deutschland. Die Voraussetzungen für Weimars Bedeutung als Zentrum der deutschen Klassik sind damit gegeben.

1775: Am 3.9.1775 übernimmt Erbherzog Carl August die Regierung. Anna Amalia zieht sich in das Privatleben zurück.

1775–1807: Im Wittumspalais, den Schlössern Ettersburg und Tiefurt lebt Anna Amalia von nun ab in fast philosophisch zu nennender Zurückgezogenheit vom politischen Tagesgeschehen. Sie widmet sich ausschließlich der Pflege der Kunst und Wissenschaft und dem Genuß der Natur. Malend, schreibend, musizierend, aber auch komponierend und theorisierend werden sie und ihr kleiner Hof von mitentscheidender Bedeutung für Weimars Geistesleben. Vermittelnd steht Anna Amalia zwischen dem „alten" und „neuen" Weimar, das unter der Ägide ihres Sohnes Carl August und dessen Freund Goethe entsteht. Carl August folgt dem Beispiel seiner Mutter und zieht die Geistesgrößen seiner Generation an seinen Hof.

Anna Amalia herausragendste Aktivitäten dieser Jahre sind:

1775–1782: Zusammen mit Goethe und ihrer Hofdame Louise von Göchhausen widmet sie sich intensiv den Aufführungen des „Liebhabertheaters".

1781–1807: Die um sie gescharte Hofgesellschaft erfreut sich des ländlichen Lebens und der Schönheiten des Tiefurter Parks. Im „Tiefurter Journal", 1781–1784 von Anna Amalia und ihrem engsten Kreis herausgegeben, sind die wichtigen, aber auch banalen Ereignisse dieser Jahre festgehalten.

1788–1790: Auf Goethes Spuren reist Anna Amalia 22 Monate lang durch Italien. Umgeben von Freunden lebt sie in Rom und Neapel und vertieft sich in Kunst, Gesellschaft und Natur des von ihr seit Kindheitstagen an bewunderten Landes.

1790–1807: Anna Amalia verlebt noch achtzehn von wissenschaftlichen, künstlerischen, aber auch kriegerischen Geschehnissen geprägte Jahre. Berühmt sind ihre „Tafelrunden-Abende" und Goethes „Freitagsgesellschaft". Hier vereinigen sich Künstler, Wissenschaftler, Philosophen, Hofleute zu Vortrag und Meinungsaustausch.

Die Auswirkungen der Französischen Revolution von 1789 erreichen auch Weimar. Herzog Carl August tritt als preußischer General in den Kriegsdienst und nimmt am Kampfgeschehen teil. Im Feldzug der Koalitionsarmee stirbt im Range eines Generalmajors am 6.9.1793 Prinz Constantin an einem typhösen Fieber in Wiebelskirchen an der Saar.

Als sich Napoleon anschickt, das alte Europa zu vernichten, zerbricht Anna Amalias Welt. Das Herzogtum Braunschweig-Wolfenbüttel wird ausgelöscht; Preußen erleidet Schmach und Schande; das Herzogtum Sachsen-Weimar-Eisenach bleibt nur dank des Mutes ihrer Schwiegertochter Louise erhalten.

In diesen Jahren verliert Anna Amalia engste Verwandte und bewunderte und geliebte Freunde. Ihre Lebenskraft ist den vielfach auf sie einstürmenden Ereignissen auf die Dauer nicht gewachsen.

1807: Am 10.4.1807 stirbt Anna Amalia im Wittumspalais an einem Schlaganfall. Sie wird am 14.4.1807 in der Stadtkirche zu St. Peter und Paul (Herderkirche) beigesetzt, ganz in der Nähe der Gräber ihres geliebten Bruders Friedrich August von Braunschweig-Oels und Johann Gottfried Herders.

Bildnachweis

Braunschweigisches Landesmuseum: 1, 2, 3.

Goethe-Museum, Düsseldorf: 6, 7, 8, 9, 10, 12, 15, 17, 19, 20, 21, 22, 23, 24, 30, 32, 33, 34, 35, 36.

Herzogin Anna Amalia Bibliothek, Weimar: 5, 16, 18, 25, 26, 27, 28, 29, 31, 37.

S.K.H. Prinz von Hannover: Umschlag, 11, 13, 14.

Anmerkungen

* Für die Anna-Amalia-Biographie habe ich hauptsächlich folgende Literatur benutzt:

Willy Andreas, „Carl August von Weimar", Gustav Klipper, Stuttgart 1953

Carl Freiherr von Beaulieu-Marconnay, „Anna Amalia, Carl August und der Minister von Fritsch", Hermann Böhlau, Weimar 1874

Effi Biedrzynski, „Goethes Weimar. Lexikon der Personen und Schauplätze", Artemis und Winkler, Zürich 1993

Wilhelm Bode, „Amalie, Herzogin von Weimar", E.S. Mittler & Sohn, 3 Bände, Berlin 1908

Wilhelm Bode, „Der weimarische Musenhof 1756–1781", E.S. Mittler & Sohn, Berlin 1917

Fr. Bornhak, „Anna Amalia. Herzogin von Sachsen-Weimar-Eisenach, die Begründerin der klassischen Zeit Weimars", F. Fontane & Co, Berlin 1892

Walter H. Bruford, „Kultur und Gesellschaft im klassischen Weimar", Vandenhoek und Ruprecht, Göttingen 1966

Georg Mentz, „Weimarische Staats- und Regentengeschichte vom Westfälischen Frieden bis zum Regierungsantritt Carl Augusts", Verlag der Frommanschen Buchhandlung, Walter Biedermann, Jena 1936

Eduard Vehse, „Geschichte der Höfe des Hauses Sachsen", Hoffmann und Campe, Hamburg 1854

„Wolfenbütteler Beiträge. Aus den Schätzen der Herzog-August-Bibliothek", herausgegeben von Paul Raabe, Band 9, Harrassowitz, Wiesbaden 1994

[1] Anna Amalia „Meine Gedanken", zitiert bei: Wilhelm Bode, „Amalie, Herzogin von Weimar", Bd. 1, E.S. Mittler & Sohn, Berlin, 1908, S. 147.

[2] Hans Droysen (Hrsg.), Aus den Briefen der Herzogin Pilippine Charlotte von Braunschweig, Bd. 1, zitiert bei Günter Scheel, „Braunschweig-Wolfenbüttel und Sachsen-Weimar", Wolfenbütteler Beiträge, Bd. 9, Harrassowitz, Wiesbaden, 1994, S. 6.

[3] Anna Amalia „Meine Gedanken", zitiert bei: W. Bode, „Amalie", Bd. 1, S. 147.

[4] Zusammenschluß der Freien und Herren, bestehend aus den Vertretern der Universität und Kirche, Rittergutsbesitzern und

Abgeordneten der Städte, die alle fünf Jahre zu einem vom Fürsten zusammengerufenen Landtag zusammentraten, um mit ihm gemeinsam die Angelegenheiten des Staates – vor allem Steuererhebungen – auszuhandeln.

[5] Die Wettiner trennten sich 1485 in eine albertinische und eine ernestinische Linie. 1547 verloren die Ernestiner die Kurwürde an die Albertiner und gerieten ihnen gegenüber politisch ins Hintertreffen. Zu den ernestinischen Häusern gehören die Weimarer, Gothaer, Coburger und Meininger Erbherzöge.

[6] Aus den Akten des Nds Staatsarchivs in Wolfenbüttel (StAW), zitiert bei: G. Scheel, „Braunschweig-Wolfenbüttel und Sachsen Weimar", S. 9 f.

[7] ebenda, S. 11 f.

[8] ebenda, S. 10. H. Droysen „Aus den Briefen der Herzogin Philippine Charlotte von Braunschweig, Bd. 1 (Die Trennung fiel uns schwer, und der Abschied war von beiden Seiten zärtlich)

[9] Anna Amalia „Meine Gedanken", zitiert bei: W. Bode, „Amalie", Bd. I, S. 148.

[10] Der Fürst war die oberste Regierungsgewalt. Er beriet mit dem Geheimen Consilium (zwei bis vier ausgesuchten Persönlichkeiten) alles, was staatliche Verwaltung und Regierung ausmachte. Neben diesem alle Entscheidungen mit dem Fürsten abwägenden Gremium, gab es Kollegialbehörden für die wichtigsten Zweige der Staatsverwaltung, z.B. Regierung – zuständig für Justiz und allgemeine Verwaltungsfragen; Kammer – zuständig für Finanzen, staatlichen Grundbesitz, Forsten und Steuereinnahmen; Consistorium – zuständig für Kirchen- und Schulfragen. Daneben gab es ab 1763 eine Kriegskommission und seit 1770 eine Generalpolizeidirektion. Jede dieser Behörden arbeitete selbständig. Es gab keine übergeordnete kooperierende Instanz. Diese Aufgabe übernahm der Fürst und ihn beratend und vertretend das Geheime Consilium, dessen Idee und Existenz ab 1756 dem Grafen Bünau zu verdanken ist.

[11] Carolineum: 1745 von Carl I. gegründete Ausbildungsstätte für praktische Berufe, z.B. Bergleute, Offiziere, Kaufleute – Mittelstellung zwischen Lateinschule und Universität.

[12] Schönheitspfläsrerchen.

[13] Platz in der Nähe des Wittumspalais, heute Schillerstraße.

[14] Bewirtschaftung einer Flur im dreijährigen Wechsel: Winter-, Sommergetreide, Brache. Heute statt Brache Hackfrüchte oder Futterpflanzen.

[15] Ernst August Constantin, zitiert bei: W. Bode, „Amalie", Bd. 1, S. 11.

[16] Dem Herrscher persönlich zustehendes Geld

[17] Anna Amalia „Meine Gedanken", zitiert bei: W. Bode, „Amalie", Bd. 1, S. 147.

[18] Philippine Charlotte am 26. 10. 1758 an Königin Elisabeth von Preußen (Quellen und Forschungen zur Braunschweigischen Geschichte VIII, S. 140), zitiert bei: Georg Mentz „Weimarische Staats- und Regentengeschichte", Frommansche Buchhandlung, Jena, 1936, S. 43. („Die Ehe war so gut, daß es nur bedauerlich ist, daß sie nur so kurze Zeit dauerte.")

[19] Krieg Österreichs im Bündnis mit den meisten kontinentalen Mächten gegen Preußen um die Wiedergewinnung Schlesiens. Gleichzeitig See- und Kolonialkrieg zwischen Großbritannien und Frankreich. (1756–1763).

[20] Anna Amalia „Meine Gedanken", zitiert bei: W. Bode,"Amalie, Herzogin von Weimar", Bd. 1, S. 148.

[21] ebenda, Bd. 1, S. 148.

[22] Testament.

[23] Volljährigkeitserklärung.

[24] Anna Amalia „Meine Gedanken", zitiert bei: W. Bode, „Amalie", Bd. 1, S. 149 f.

[25] ebenda, Bd. 1, S. 25.

[26] ebenda, Bd. 1, S. 151.

[27] Fr. Bornhak, „Anna Amalie. Herzogin von Sachsen-Weimar-Eisenach, Begründerin der klassischen Zeit Weimars", F. Fontane & Co, Berlin, 1892, S. 22 ff.

[28] Von Praun „Belehrungen für einen angehenden Regenten, insbesondere von Sachsen-Weimar", zitiert bei: G. Scheel, „Braunschweig-Wolfenbüttel und Sachsen-Weimar", S. 13.

[29] Steuern auf Grundbesitz und darüberhinausgehende außerordentliche Steuern.

[30] Waren und Gebrauchsgütersteuern.

[31] der Herzogin gehörender Besitz.

[32] G. Mentz, S. 154.

[33] Dienstleistungen, die zwangsweise für private oder öffentliche Berechtigte geleistet werden mußten.

[34] Aus dem thüringischen Staatsarchiv, zitiert bei: G. Mentz, „Weimarische Staats- und Regentengeschichte", S. 173.

[35] ebenda, S. 174.

[36] Anna Amalia, zitiert bei: W. Bode, „Amalie", Bd. 1, S. 93.

[37] ebenda, Bd. 1, S. 93.

[38] G. Mentz, S. 183.

[39] Prügelstrafe.

[40] Militärische Strafe aus dem 16.–18. Jahrhundert. Der Deliquent muß mit bloßem Oberkörper durch eine Gasse von hundert Soldaten laufen, die mit Ruten auf ihn einschlagen.

[41] entschädigungslose Entziehung des Eigentums.

[42] Ungläubige, Ketzerin.

[43] Anna Amalia, zitiert bei: W. Bode, „Amalie", Bd. 1, S. 104.

[44] dem Fürsten gehörende Gelder.

[45] zitiert bei: G. Mentz, „Weimarische Staats- und Regentengeschichte", S. 43 (sie sei „eine gute, hervorragende Frau, die aufrichtig das Beste für ihr Land und ihre Familie" wolle).

[46] ebenda, S. 44.

[47] Goethe, „Rede zum feierlichen Andenken der Durchl. Fürstin und Frau Anna Amalie", Werke, Bd. 25., Cotta-Verlag, Stuttgart/Berlin 1911, S. 259.

[48] Maskenbälle.

[49] Nach Burghardt, zitiert bei W. Bode, „Amalie", Bd. 1, S. 134.

[50] ebenda S. 135.

[51] Anna Amalia „Meine Gedanken", zitiert bei: W. Bode, „Amalie", Bd. 1, S. 146.

[52] W. Bode, „Amalie", Bd. 1, S. 27.

[53] Willy Andreas, „Carl August von Weimar", Gustav Klipper Verlag, Stuttgart, 1953, S. 108.

[54] Hofphilosoph im „Goldenen Spiegel".

[55] literarische Monatsschrift für das Bürgertum.

[56] französische literarische Monatsschrift.

[57] Lehre von der öffentlichen Verwaltung unter besonderer Berücksichtigung des öffentlichen Haushalts.

[58] Wieland, zitiert bei: W. Bode, „Amalie", Bd. 1, S. 31.

[59] Anna Amalia, zitiert bei C. Freiherr von Beaulieu-Marconnay, „Anna Amalia, Carl August und der Minister von Fritsch", Böhlau, Weimar, 1874, S. 57 f.

[60] altadelige Familie Nordthüringens, C.A. von Kalb, Präsident der Finanzbehörde.

[61] Thüringer Uradel. F.H. von Witzleben, Chef des Wittumspalais.

[62] Gottlob E.I.F. von Stein, Stallmeister am Weimarer Hof.

[63] W. Andreas, S. 188.

[64] Anna Amalia, zitiert ebenda, S. 216.

[65] ebenda, S. 218.

[66] Festgedicht.

[67] Anna Amalia, zitiert bei Beaulieu-Marconnay, S. 170–173.

[68] Spießbürger.

[69] Unbekannter Zeitgenosse, zitiert bei: W. Bode, „Amalie", Bd. 1, S. 136.

[70] Moritz Ulrich Graf von Putbus († 1776)

[71] Bezeichnung für ungarische Söldner, später Lakaien.

[72] Friedrich J. Bertuch, Schriftsteller, Verleger, Unternehmer, Schatzmeister von Carl August.

[73] Goethes langjährige Freundin. Früher Hofdame Anna Amalias.

[74] Egloffstein, zitiert bei Fr. Bornhack, S. 189–194.

[75] ebenda, S. 197 f.

[76] familiäre Bezeichnung für Goethe.

[77] Anna Amalia, zitiert bei Fr. Bornhack, S. 210.

[78] Effi Biedrzynski, „Goethes Weimar", Lexikon der Personen und Schauplätze, Artemis/Winkler, Zürich 1993, S. 216.

[79] Wieland, zitiert bei: W. Bode, „Der weimarische Musenhof", Mittler, Berlin 1917, S. 305.

[80] abendliche Aufwartung der Höflinge.

[81] Anna Amalia, zitiert bei: Fr. Bornhack, S. 233 f.

[82] Louise von Göchhausen, zitiert bei: Fr. Bornhack, S. 245 ff.

[83] Anna Amalia, zitiert bei: Fr. Bornhack, S. 244. (Es ist nicht mehr Brauch, daß der Hl. Geist herabsteigt, um mit einer hübschen Frau den Liebenswürdigen zu spielen.)

[84] Anna Amalia, zitiert bei: W. Bode, „Amalie", Bd. 3, S. 9.

[85] Anna Amalia, ebenda, S. 12.

[86] Göchhausen, zitiert ebenda, Bd. 3, S. 21 f.

[87] Einsiedel, zitiert ebenda, Bd. 3, S. 28 f.

88 Göchhausen, zitiert ebenda, S. 28 f.

89 ebenda, S. 29.

90 Herder, zitiert ebenda, Bd. 3, S. 31.

91 Anna Amalia, zitiert bei Fr. Bornhak, S. 269 („… bei ihnen diskutieren die Weisen und die Verrückten entscheiden.")

92 Herder, zitiert bei W. Bode, „Amalie", Bd. 3, S. 38.

93 Wieland, zitiert bei: Fr. Bornhak, S. 282 f.

94 Nymphen, die im Göttergarten zusammen mit dem Drachen Ladon den Baum mit den goldenen Äpfeln hüten.

95 Herder, zitiert bei: Fr. Bornhak, S. 292.

96 Bezeichnung von Goethes Mutter für Christiane Vulpius.

97 Anna Amalia, zitiert bei: Fr. Bornhak, S. 309.

98 Anna Amalia, zitiert bei: W. Bode, „Amalie", Bd. 3, S. 136.

99 Anna Amalia, zitiert bei: Fr. Bornhak, S. 315.

100 Paul Zimmermann, „Abt Jerusalems Berichte über die Erziehung der Kinder Herzog Karls I., insbesondere des Erbprinzen Karl Friedrich Ferdinand", Braunschweigisches Jahrbuch V, Wolfenbüttel 1906, S. 149, S. 152.

101 Wieland, zitiert bei: Fr. Bornhak, S. 318.

102 Anna Amalia, zitiert bei: Fr. Bornhak, S. 320 f.

103 Anna Amalia, zitiert bei: Effi Biedrzynski „Goethes Weimar", S. 357.

104 Göchhausen, zitiert bei: Fr. Bornhak, S. 322. („Liebe Großmutter, wenn Sie erlauben, kommen mein Mann und ich heute Abend zum Souper zu Ihnen.")

105 Lavater: Schweizerischer Pfarrer, er erläuterte in seinen „Physiognomischen Fragmenten", an denen auch Goethe mitarbeitete, die Kunst der Charakterdeutung aus den Gesichtslinien. Gall führte diese Überlegungen mit seiner Schädellehre fort.

106 Bruder von Maria Pawlowna.

107 Göchhausen, zitiert bei: Fr. Bornhak, S. 327 f.

108 Schutzwache.

109 „Ich werde Ihren Mann vernichten."

110 Carl August, zitiert bei: W. Bode, „Amalie", Bd. 3, S. 164. „Sie sah ihre ganze Familie untergehen… Mit großer Ruhe ertrug sie alle diese Ereignisse, versenkte ihren Schmerz in sich selbst."

111 Anna Amalia, zitiert bei: W. Bode, „Amalie", Bd. 3, S. 164.

[112] Weimarisches Wochenblatt, Nr. 31, 18. April 1807, S. 145–156, Aus den Beständen des Goethe Museums, Düsseldorf, Anton und Katharina Kippenberg Stiftung.

[113] Erläuterungen zu Ausdrücken im Text des „Weimarischen Wochenblatts":
Parade: Vorbeimarsch am Sarg bei Trauerfeierlichkeiten.
Estrade: eine mit Hilfe von Stufen hergestellte Erhöhung.
Festons: Schmuck in Form von Gehängen aus Bändern und Blumen.
Mit Frisur versehene Schleppe: gekräuselter Besatz an Kleidern.
Tabouret: Schemel.
Gueridons: Leuchtertische.
Flambeaux: Fackeln.
Girondoles: Armleuchter.

[114] Fernow, zitiert bei: W. Bode, „Amalie", Bd. 3, S. 173 f.

[115] Goethe, Werke, Bd. 25, S. 261 f.

[116] Volker Wahl „Meine Gedanken", Autobiographische Aufzeichnungen der Herzogin Anna Amalia von Sachsen-Weimar, „Andenken" und „Grabinschrift", in „Wolfenbüttler Beiträge", Bd. 9, 1994, S. 100.

Angelika Pöthe

Schloß Ettersburg

Weimars Geselligkeit und kulturelles Leben im 19. Jahrhundert

1995. 180 Seiten. 15 s/w-Abbildungen. Broschur.
ISBN 3-412-09094-8

Ein faszinierendes Kapitel von Weimars Kulturgeschichte führt in das unweit der Stadt gelegene Schloß Ettersburg. Der junge Erbgroßherzog Carl Alexander und seine Frau Sophie entdecken den Ort in seiner Einheit von romantischer Natur, weltferner Abgeschiedenheit und kulturvoller Begegnung wieder. Man trifft sich zu literarischen Soireen und spielt Theater. Auch die politischen Meinungen können angesichts der revolutionären Ereignisse von 1848 nicht vor der Tür bleiben. Gelehrte, Unternehmer und Vertreter Alt-Weimars beteiligen sich an dieser Geselligkeit ebenso wie junge schwärmerische Romantiker, Poeten, Musiker und Fürsten. Der dänische Märchendichter Andersen weilt hier wie der Jude Auerbach aus Nordstetten, die „unmoralische" Autorin Amalie Winter, Franz Liszt und der Wiener Bohemien Schober. Über acht Jahre hinweg sammelt man Texte, die während der literarischen Abende in Ettersburg gelesen werden. Insgesamt bietet dieser Band einen Einblick in die Anfangsjahre der „Silbernen Zeit" Weimars, die bereits deutlich die Spannung von klassikorientierter Traditionspflege und Offenheit für neue künstlerische Bestrebungen erkennen lassen.

BÖHLAU VERLAG KÖLN WEIMAR WIEN
Theodor-Heuss-Str. 76, D - 51149 Köln

BÖHLAU

Otto Ulbricht (Hg.)

Von Huren und Rabenmüttern

Weibliche Kriminalität in der Frühen Neuzeit

1995. VI, 336 Seiten. Broschur.
ISBN 3-412-06095-X

Otto Ulbricht (Hg.)

**Von Huren und
Rabenmüttern**

Weibliche Kriminalität
in der Frühen Neuzeit

BÖHLAU

Der Band führt in ein
unbekanntes Kapitel
der Frauengeschich-
te ein: die weibliche
Kriminalität. Die Rede
ist von Gattenmord, Kindstötung und Inzest, von Hurerei,
kriminellen Bettelpraktiken und Hausdiebstählen. Der sen-
sationelle Einzelfall fehlt ebensowenig wie die Darstellung
der Verbrechen in den Flugschriften der Zeit. Das Buch
spiegelt die Lage der Frau in der damaligen Gesellschaft
und ermöglicht darüber hinaus auch einen Blick in die
Alltagswelt der Frühen Neuzeit.

BÖHLAU VERLAG KÖLN WEIMAR WIEN
Theodor-Heuss-Str. 76, D - 51149 Köln

BÖHLAU

Hans-Werner Goetz

Frauen
im frühen Mittelalter

Frauenbild und Frauenleben
im Frankenreich

1995. 430 Seiten. 55 s/w-Abbildungen. Broschur.
ISBN 3-412-07795-X

Im deutschen Sprachraum fehlt eine zusammenhängende Darstellung über Frauen im frühen Mittelalter. Hans-Werner Goetz schließt diese Lücke mit der systematischen Erarbeitung lange vernachlässigter Aspekte der zeitgenössischen Vorstellungen über Frauen und ihre Lebensbedingungen. Anhand unterschiedlicher Quellen werden verschiedene Stände und Lebensformen betrachtet. Im Mittelpunkt des Buches stehen die unterschiedlichen Ausdrucksformen und Identifikationsbereiche weiblichen Lebens wie Heiligenbilder, Frauen in bildlichen Darstellungen und das Bild Evas als der Ur-Frau. Differenziert werden das damalige Frauenbild der Männer sowie das weibliche Selbstverständnis herausgearbeitet und die Wechselbeziehung zwischen Wunschbildern und Realität diskutiert.

BÖHLAU VERLAG KÖLN WEIMAR WIEN
Theodor-Heuss-Str. 76, D - 51149 Köln

BÖHLAU